Bernhard Görg

Zukunft des Managers Manager der Zukunft

Ueberreuter

CIP-Kurztitelaufnahme der Deutschen Bibliothek

Görg, Bernhard:
Zukunft des Managers – Manager der Zukunft/Bernhard Görg. –
Wien: Ueberreuter, 1989
ISBN 3-8000-9044-9

Meinem Vater,
dem die Vergangenheit stets mehr bedeutet hat als die Zukunft

AU 66/1

Umschlag von Brigitte Schwaiger

Gesamtherstellung: Carl Ueberreuter Druckerei Ges.m.b.H., Korneuburg
Printed in Austria

Inhalt

7 Statt einer Einleitung: Von der Schwierigkeit, die Funktion des Managers zu definieren

15 In der Zukunft wird auch die moralische Bonität von Unternehmen geprüft

25 Der Manager der Zukunft muß den Umgang mit der Öffentlichkeit beherrschen

31 Lobbying wird eine zentrale Aufgabe des Topmanagements

39 Wer Stil hat, wird die besten Chancen haben

45 Eine Internationalisierung der Wirtschaft ist unmöglich ohne eine Internationalisierung der Manager

53 Der europäische Managementstil hat seine Zukunft noch vor sich

61 Die Gewerkschaften werden ihre Ziele ändern

69 Die Nachfrage nach Managertalent wird jede andere Nachfrage übersteigen

77 Die Entwicklung des Managermarktes wird Einfluß auf die Methoden der Managerauswahl haben

85 Die Unternehmen brauchen Manager, denen am Erfolg mehr liegt als an der Vermeidung von Mißerfolg

93 Der Manager der Zukunft braucht zwei Management-Informationssysteme: eines für »harte«, ein zweites für »weiche« Daten und Informationen

99 Die soziale Intelligenz des Managers ist so wichtig wie seine analytische Intelligenz

109 Der Macher ist in Mißkredit geraten, seine Qualitäten werden aber auch in Zukunft gefragt sein

117 Die Qualität eines Managers erkennt man an der Zahl der Talente, die er um sich schart

125 Wer Manager werden möchte, muß eine Universität besuchen

133 Die Managementelite der Zukunft kommt von den Business Schools

141 Unser Bildungssystem würde anders aussehen, wenn es zu Humboldts Zeiten schon Manager gegeben hätte

155 Die Leistung der Manager wird sich in Zukunft mehr denn je lohnen

163 Eine Karriere kann man nicht planen, man kann nur bestmögliche Voraussetzungen für sie schaffen

173 Kundenorientiertheit ist der wichtigste Bestandteil jeder Unternehmenskultur

181 Den steigenden gesellschaftlichen Stellenwert von Aufrichtigkeit wird der unaufrichtige Manager zu spüren bekommen

189 Das gesellschaftspolitische Engagement der Manager wird zunehmen, die Politik wird aber nicht das primäre Ziel dieses Engagements sein

197 Im Management gehört die Zukunft dem Profi, in der Politik dem Amateur

Statt einer Einleitung: Von der Schwierigkeit, die Funktion des Managers zu definieren

Vor Jahren habe ich einmal auf dem Pariser Flughafen Orly auf einen Bekannten gewartet. Dabei stand in der Ankunftshalle neben mir ein deutsches Ehepaar mit einem kleinen Buben, der höchstens fünf Jahre alt gewesen sein kann. Die Familie erwartete offensichtlich ebenfalls einen Ankömmling. Der Bub ist mir aufgefallen, weil er für sein Alter ungewöhnlich gekleidet war. Er trug einen dunkelblauen Blazer, eine graue Hose und ein weißes Hemd mit gestreifter Krawatte. Nachdem der Herr, auf den die Familie gewartet hatte, endlich die Paßkontrolle hinter sich gebracht hatte, wurde er mit großem Hallo begrüßt. Dabei hob er den Knirps hoch und sagte mit einem Blick auf dessen Kleidung: »Bist du aber heute schick!« Da begann der Kleine über das ganze Gesicht zu grinsen und sagte: »Heute habe ich mich auch als Manager verkleidet!«

Diese kleine Szene ist mir aus mehreren Gründen im Gedächtnis geblieben. Erstens, weil ich darüber erstaunt war, daß ein Bub im Kindergartenalter bereits mit dem Begriff »Manager« vertraut ist, zweitens, daß er damit eine bestimmte Form der Kleidung in Verbindung bringt, und drittens, weil er in diesem Zusammenhang von »Verkleidung« gesprochen hat. Als ob es für ihn die ausgemachteste Sache der Welt wäre, daß Manager Rollen – um nicht zu sagen Theater – spielen.

Ich kann mich nicht mehr erinnern, wann ich das Wort »Manager« zum erstenmal bewußt wahrgenommen habe. Aber ich bezweifle, daß es vor meinen späten Gymnasialjahren, Ende der fünfziger Jahre, zu meinem Wortschatz gehört hat. Unternehmer, Chef, Vorgesetzter, Direktor, das ja, aber Manager kaum. Zudem waren meine damaligen Vorstellungen dieser Profession von Filmen wie »Wir Wunderkinder« oder »Das Mädchen Rosemarie« geprägt. Die in diesen Filmen gezeigten Herren – Manager waren damals ausnahmslos Männer – waren alle schleimig, gemein und gierig. Offensichtlich waren sie alle vom Ehrgeiz besessen, den Bibelspruch zu belegen, daß eher ein Kamel durch ein Nadelöhr gehen könne als ein Reicher ins Himmelreich. Und die Vorstellung, im späteren Beruf in die Fußstapfen dieser Herrschaften zu treten, war für mich geradezu absurd. Auch die Aussicht auf einen tollen Mercedes bot da nicht genügend Anreiz.

Heute ist vieles anders. Der Begriff »Manager« ist Allgemeingut geworden, sehr viele junge Leute wollen einmal Manager werden, und manche Unternehmen treiben mit dem Managertitel einen Kult, mit dem sie mühelos eine neue Zweiklassengesellschaft schaffen: Die Manager als die »haves« und die Nichtmanager als die »have nots«. Gleichgeblieben ist nur, daß es noch immer jede Menge Leute gibt, die Charakterlosigkeit für eine glänzende Voraussetzung für eine erfolgreiche Managementlaufbahn halten.

Manager sind Angehörige eines Berufsstandes, der eine Erfindung des 20. Jahrhunderts ist. Seine so kurze Geschichte hat ihn allerdings nicht daran gehindert, zu dem Berufsstand zu werden, der weitaus am häufigsten beschrieben worden ist. Managementbücher gibt es wie Sand am Meer, und viele von ihnen haben es zu Bestsellerehren gebracht. Das hat sicher viel mit der Bedeutung dieses Berufes zu tun. Aber der Beruf des Lehrers zum Beispiel ist auch sehr wichtig. Dennoch scheint sich kaum jemand die Mühe zu machen, ein Buch über Lehrer zu schreiben. In Buchhandlungen habe ich jedenfalls noch keines gefunden.

Bis vor wenigen Jahren war das Schreiben von Memoiren ein Privileg von Staatsmännern und Künstlern. Nur sie wurden für würdig erachtet, Gegenstand biographischer Literatur zu sein. Heute erscheinen mehr Biographien und Selbstbiographien von Managern als von Politikern. Dieses Faktum allein würde schon als Beweis für die These reichen, daß der gesellschaftliche Stellenwert des Managers dabei ist, in eine Dimension vorzustoßen, an die man noch vor zehn Jahren gar nicht zu denken gewagt hätte.

Warum werden so viele Managementbücher geschrieben, und

warum ist die Nachfrage danach so groß? Es hat nicht nur mit dem Stellenwert zu tun, sondern auch damit, daß die Funktion des Managers so vielgesichtig ist. Der Generaldirektor eines Unternehmens mit zwanzigtausend Mitarbeitern ist Manager, und der Leiter der Lohn- und Gehaltsverrechnung eines Mittelbetriebes ist ebenfalls Manager. Damit endet aber schon die Gemeinsamkeit. Die Anforderungsprofile für beide Positionsinhaber sind so divergent, daß man mit einigem Recht von völlig verschiedenen Berufsbildern sprechen kann.

Aber diese Vielgesichtigkeit ist nicht nur hierarchie- und fachbedingt. Auch Manager, die von ihrer Aufgabe her miteinander vergleichbare Positionen bekleiden, haben durchaus unterschiedliche Vorstellungen über ihre Rolle und darüber, was ihnen Erfolg und Mißerfolg bringen kann. Es gibt Generaldirektoren, die das Bild, das ein Unternehmen in der Öffentlichkeit bietet, für ein ganz wichtiges Erfolgskriterium halten. Und auch danach handeln, indem sie in besonders pfleglicher Art und Weise mit der Öffentlichkeit und den Medien umgehen. Für andere wiederum rangiert Öffentlichkeitsarbeit auf der Prioritätenliste unter »ferner liefen«. Und es gibt sogar solche, die Öffentlichkeitsscheu und Medienphobie für ein ausgesprochenes Erfolgsgeheimnis halten.

Unterschiedliches Rollenverständnis ist nicht auf die Topetage beschränkt. Das gibt es auch in den mittleren und unteren Managementrängen. Früher hatte ich von Zeit zu Zeit Gelegenheit, im Rahmen von Führungskräfteseminaren als Trainer aufzutreten. Wann immer ich dabei das Thema »Mitarbeiterbeurteilung« behandelte, bat ich meine »Schüler«, zur Einstimmung auf das Thema jeweils ihren besten und ihren schwächsten Mitarbeiter im Geiste Revue passieren zu lassen und die Begründung für diese Einschätzung auf ein Blatt Papier zu schreiben. Die Begründungen, die die einzelnen Manager für die positiven und für die negativen Beurteilungen heranzogen, waren in der Regel ziemlich unterschiedlich. Wir hatten anschließend immer recht viel Mühe, einen von allen akzeptierten Kriterienkatalog für die Beurteilung von Mitarbeitern zu formulieren. Diese Unterschiede in den Beurteilungskriterien waren sicherlich auch auf Unter-

schiede im Verständnis der eigenen Aufgabe und Rolle als Manager zurückzuführen.
Offensichtlich ist Management eine Aufgabe, bei der einem das Erreichen des Zieles auf besonders vielen Wegen winkt. Alle diese Wege haben eine fatale Eigenschaft. Keiner ist ganz falsch, aber keiner ist auch ganz richtig. Da kommt leicht Unsicherheit auf, welchen Weg man wählen soll – wobei die Persönlichkeit eines Managers ohnedies keine völlig freie Wahl des Weges zuläßt. Und dann entsteht ein Gefühl, von dem kaum ein Manager verschont bleibt: das Gefühl, eine Sache noch besser machen zu müssen, ohne genau zu wissen, wie man das bewerkstelligen soll. Dieses Gefühl birgt die Chance der Kreativität, aber auch das Risiko der Resignation in sich. Und von der Managementliteratur erhoffen viele einen Hinweis, wie man diese Chance nützen und dieses Risiko vermeiden kann. Deshalb sind Managementbücher mit konkreten Handlungsanleitungen so gefragt. Man erhofft sich davon eine Unterstützung im Wettbewerb.
Wenn ich Manager zu beurteilen habe, mache ich mir auch regelmäßig Gedanken über die kompetitive Komponente ihrer Persönlichkeit. Ich halte die Neigung zu Wettbewerb für wichtig, am wichtigsten zu Wettbewerb mit sich selbst. Es gibt keinen schärferen Wettbewerb als den mit sich selbst, und er ist für alle Beteiligten am ergiebigsten. Der amerikanische Managementberater William H. Higginbotham hat einmal geschrieben: »Wettbewerb sollte es nur mit sich selbst geben. Dabei wächst man aus dem Inneren heraus, stärkt seine natürlichen Kräfte, macht einen immer besseren Gebrauch von seinen Talenten und vergrößert so seine Leistung im Dienste an anderen.«
Die Vielgesichtigkeit der Managementaufgabe und die krassen Unterschiede im Rollenverständnis kommen auch im unterschiedlichen Stellenwert zum Ausdruck, den Manager der Managementausbildung geben. Das reicht von der Auffassung, daß man zum Manager geboren werden müsse, bis hin zu der Auffassung, daß Management eine Wissenschaft ähnlich der Medizin oder der Physik wäre, mit Intelligenz und Fleiß gleichermaßen erlernbar. Für die einen ist Managementausbildung unverzichtbar, für die anderen überflüssig. Das kann auch an der Qualität der Ausbil-

dung liegen. Wann immer die Rede auf Managementausbildung kommt, zitiert der Generalsekretär der Österreichischen Industriellenvereinigung, Herbert Krejci, der im übrigen ein Verfechter der Notwendigkeit von Managementausbildung ist, mit sichtbarem Genuß aus einem Leserbrief an die »Times«. Dort heißt es: »Wer als Manager versagt, wird Management-Trainer. Und wer auch dabei versagt, der lehrt Methodik und Systematik des Management-Trainings.«

Wenn wir uns beim Manager der Gegenwart schon auf so unsicherem Gelände bewegen, um wieviel schwankender muß dann der Boden, auf dem wir stehen, werden, wenn wir den Manager der Zukunft beschreiben wollen. Als Autor sieht man sich dabei einer zweifachen Gefahr gegenüber. Entweder hat man zu großen Respekt vor den Unsicherheiten der Zukunft, dann kann man diese Zukunft nur als ein Zeitalter beschreiben, in dem die Unsicherheiten im Vergleich zur Gegenwart um eine Zehnerpotenz zunehmen werden. Das Ergebnis ist dann dementsprechend vage. Präzise wird dann nur ein negativer und pessimistischer Unterton. Auf die durchaus beabsichtigte Wirkung dieses Tons hat schon Elias Canetti aufmerksam gemacht, wenn er schreibt: »Allen Denkern, die von der Schlechtigkeit der Welt und des Menschen ausgehen, eignet eine ungeheure Überzeugungskraft. Sie klingen erfahren, mutig und wahrhaftig.«

Oder aber man ignoriert als Autor das Faktum, daß schon die Gegenwart unsicher ist, simuliert eine unverrückbar im Boden verankerte Plattform und tut so, als ob man davon aus die Zukunft mit Lasergenauigkeit messen könnte.

Dieter Lenhardt hat in der Wiener Tageszeitung »Die Presse« einmal den Unterschied zwischen einer guten Prophezeiung, einer guten Prognose und einer guten Spekulation beschrieben: Eine Prophezeiung ist nur dann gut, wenn sie auch tatsächlich eintrifft. Für eine gute Prognose würde es schon reichen, aus bestimmten gegebenen Annahmen, die sich im nachhinein durchaus als falsch herausstellen können, die richtigen Schlüsse zu ziehen. Bei einer guten Spekulation können Annahmen und Schlüsse falsch sein, sie müssen nur richtig und überzeugend klingen. Wenn ich mich diesen Definitionen anschließe, so hoffe ich, daß Sie in dem

vorliegenden Buch mehr gute Prophezeiungen als gute Spekulationen finden. An die Möglichkeit von schlechten Spekulationen möchte ich lieber gar nicht denken.
Prophezeiungen sind um so schwieriger, je widersprüchlicher die Signale sind, die die Zukunft aussendet. Für den Manager gibt es davon jede Menge. An dieser Stelle möchte ich nur vier erwähnen:

1. Der Trend zur Internationalisierung der Wirtschaft setzt zu einem Zeitpunkt voll ein, zu dem gleichzeitig der Stellenwert der nationalen und regionalen Eigenständigkeit immer stärker steigt.
2. Die Gesellschaft ist auf dem Weg zur Unterhaltungsgesellschaft. Gleichzeitig steigt aber der gesellschafliche Stellenwert der Leistung.
3. Die kritische Haltung der Öffentlichkeit gegenüber der Industrie nimmt zu. Gleichzeitig wächst aber das Sensorium der Öffentlichkeit für die entscheidende Rolle der Wirtschaft bei der Erreichung gesellschaftspolitischer Ziele und der Lösung gesellschaftspolitischer Probleme.
4. Die öffentliche Moral haussiert, während die private Moral baissiert.

Der Leser wird im Laufe der Lektüre dieses Buches hoffentlich feststellen können, daß ich ein Managerfan bin und mit Leib und Seele diesen Beruf ausübe. Allerdings ist das für mich nicht gleichbedeutend mit einer Heroisierung und Idealisierung des Managers. Erfolgreiche Manager sind in ihrer überwiegenden Mehrheit keine Schurken. Aber ein Heiligenschein ist auch nicht gerade eine Notwendigkeit, um Erfolg zu haben.
Abschließend noch ein Wort zur Methodik der Darstellung. Als Überschriften für die einzelnen Kapitel habe ich Thesen gewählt, die in möglichst knapper Form die Kernaussage des jeweiligen Kapitels wiedergeben sollen. Das hat für den Leser unter anderem den Vorteil, daß er bereits bei der Lektüre der Überschriften seine eigene Einschätzung der Zukunft mit der meinen vergleichen kann.
Im Gymnasium hatte ich das Glück, einen großartigen Deutschlehrer zu haben. Einem Klassenkameraden, der bei einer einstün-

digen Schularbeit einmal neun Seiten eines großformatigen Heftes vollgeschrieben hatte und darauf sehr stolz war, hat er unter diese Arbeit folgenden Satz geschrieben: »Getret'ner Quark wird breit, nicht stark!« Ich kann nur hoffen, daß mir dieser Satz beim Schreiben des Buches zumindest im Unterbewußtsein immer präsent geblieben ist.

In der Zukunft wird auch die moralische Bonität von Unternehmen geprüft

Vor knapp zwei Jahren ist in den Vereinigten Staaten ein Buch erschienen, das für einige Aufregung gesorgt hat. Es trägt den Titel »Rating America's Corporate Conscience«. Die Aufregung war nicht nur bei den über 130 Unternehmen groß, die da auf mehr als 500 Seiten benotet wurden.
Worum geht es in dem Buch? Die Autoren haben sich zum Ziel gesetzt, Unternehmen von Weltgeltung auf ihre ethischen Grundsätze hin zu überprüfen. Da wird die Fairneß der jeweiligen Personalpolitik beurteilt, es wird untersucht, bei wem Umweltverantwortung ein Lippenbekenntnis ist und bei wem nicht und wie es die Managementgremien mit ihrer sozialen Verantwortung halten. Daß die Stellung der Unternehmen zum Südafrikaproblem einen großen Raum einnimmt, versteht sich in den USA von selbst.
Es ist die erklärte Absicht des Buches, das die »New York Times« als »ambitious and attractive publication« bezeichnet hat, dem amerikanischen Konsumenten eine Entscheidungshilfe für Kauf oder Nichtkauf anzubieten, die nichts mit der technischen Produktqualität zu tun hat. Wer Offenheit in der Kommunikation für wichtig hält, der sollte besser nicht an einer Mobil-Tankstelle tanken – Mobil Oil wird wegen seiner restriktiven Informationspolitik gescholten –, und wem eine faire Mitarbeiterbehandlung etwas wert ist, der sollte Procter-&-Gamble-Produkte erwerben. Die Personalpolitik von Procter-&-Gamble wird nämlich ausdrücklich gelobt. Amerikanische Konsumforscher meinen, daß sich bereits zum heutigen Zeitpunkt 5 bis 10 Prozent der Konsumenten von solchen Entscheidungskriterien beeinflussen lassen würden. Und

welche Firma kann es sich heute schon leisten, auf ein Zehntel ihrer potentiellen Klienten von vornherein zu verzichten?
Vieles an dem Buch ist naiv, und manche Kritik der darin Kritisierten ist mehr als berechtigt. Das ändert aber nichts an der Tatsache, daß das Buch in des Wortes zweifacher Bedeutung Dokumentation eines Trends ist, mit dem die Unternehmen in Zukunft noch verstärkt zu rechnen haben: Nicht mehr die Qualität eines Produktes oder sein Preis/Leistungs-Verhältnis allein wird für die Konsumentenentscheidung ausschlaggebend sein. Die soziale Akzeptanz eines Unternehmens wird mitentscheidend sein für seinen Markterfolg. Und es ist nicht unvorstellbar, daß in gar nicht so ferner Zeit ähnlich den heutigen Restaurantführern Firmenführer Hochkonjunktur haben werden, in denen die soziale Qualität der Unternehmen mit Sternen oder anderen einschlägigen Kennzeichen punziert wird. Mit einem Unterschied: Wenn für ein Restaurant die Kurzbeschreibung »einen Umweg wert« als Zeichen höchster Küchenqualität und damit als Besuchsempfehlung gilt, so gilt dieselbe Beschreibung im Firmenführer als Aufforderung, um das Unternehmen und seine Produkte einen großen Bogen zu machen. Und zum Triple A-Rating, das heute für höchste finanzielle Bonität vergeben wird, mag sich in Zukunft ein Triple A-Rating für höchste ethische und moralische Bonität gesellen. Gut möglich auch, daß es für Unternehmensmoral einen Standard-&-Poor's-Index geben wird. Aktionäre, Manager und Banken werden vielleicht mit ähnlicher Spannung auf die Veröffentlichung des Moralratings warten wie heute auf die des Finanzratings. Und wenn sie es nicht aus ethischen Gründen tun, dann aus ökonomischen, weil auf Dauer ein schlechtes Moralrating auch an der Finanzsituation eines Unternehmens nicht spurlos vorübergehen wird. Jedenfalls wird die soziale Sensibilität der Öffentlichkeit nicht nur für einzelne Produkte, sondern für ganze Industrien ansteigen. Und zwar sowohl im Umfang als auch hinsichtlich der Intensität. Soziale Verträglichkeit wird zum neuen Schlüsselkriterium.
Natürlich hat es schon immer Kritik an der sozialen Schädlichkeit von Produkten gegeben. In den sechziger Jahren ist der amerikanische Chemieriese Dow Chemical mit seinem im Vietnamkrieg

zu so trauriger Berühmtheit gelangten Napalm nicht nur bei den Angehörigen der Achtundsechziger-Generation in Mißkredit geraten.
Ein paar Jahre später hat die Schweizer Nestlé mit einer Trockenmilchkampagne für afrikanische Babys negative Schlagzeilen gemacht und dabei viel Lehrgeld gezahlt. In letzter Zeit ist die Zahl der sozial sensiblen Produkte aber sprunghaft angewachsen und hat ganze Industrien erfaßt. Energieversorgungsunternehmen wirft man vor, Raubbau an der Natur zu betreiben, die Halbleiter- und Computerindustrie muß als Arbeitsplatzvernichter herhalten und steht für Enthumanisierung der Arbeitswelt. Die chemische Industrie muß sich eine Pauschalverdächtigung als Umweltzerstörer gefallen lassen, und so manchem fällt zur Pharmaindustrie zuallererst Geschäftemacherei mit der menschlichen Gesundheit ein.
Es sind besonders die sogenannten intelligenten Produkte, die auf den Prüfstand der sozialen Akzeptanz gelegt werden. Als Faustregel für die Zukunft kann gelten: Je intelligenter ein Produkt, um so höher seine soziale Sensibilität. Wir haben es dabei mit einem interessanten Phänomen zu tun. Noch nie hat es eine Zeit gegeben, in der der öffentliche Stellenwert von Forschung und Entwicklung so hoch war wie heute. Und gleichzeitig hat es noch nie eine Zeit gegeben, in der die Ergebnisse dieser Forschung und Entwicklung mit so großer öffentlicher Skepsis zu rechnen hatten wie heute.
Ein eventuelles Mißverständnis beim Leser möchte ich an dieser Stelle gleich ausräumen. Ich gehöre weder zu denen, die die Zukunft vor allem dadurch charakterisiert sehen, daß das Management noch stärker als heute in die Defensive gedrängt sein wird, noch zu denen, die die gute alte Zeit beweinen und die die Managementaufgabe vor allem darin sehen, einen unerfreulichen Trend, wenn er schon nicht aufgehalten werden kann, zumindest zu verzögern. Ganz im Gegenteil. Ich bin davon überzeugt, daß Unternehmer und Manager auf dem besten Weg sind, ihre Opferrolle abzulegen und in eine Täterrolle zu schlüpfen. Nicht im strafrechtlichen Sinn, sondern in dem Sinn, daß von ihnen die wesentlichen Impulse zur Gestaltung der Zukunft ausgehen wer-

den. Die Zeit der Defensive ist vorbei, und die Zeit der Offensive ist gekommen.

Der amerikanische Philosoph Whitehead hat einmal gemeint, daß es die Aufgabe der Zukunft sei, gefährlich zu sein. Das gilt auch für die Managementzukunft. Dem muß man hinzufügen, daß es auch Aufgabe der Zukunft ist, spannend zu sein. Die Managementzukunft ist ganz gewiß spannend, und die Chancen stehen besser denn je, daß wir die Gefahren der Zukunft meistern.

Natürlich stehen einige Unternehmen und Branchen mit dem Rücken zur Wand. Und manche werden von dort auch nicht mehr wegkommen. Dazu zählt ganz sicher die Kernindustrie. Die Idee der friedlichen Nutzung der Atomenergie ist nicht mehr revitalisierbar. Da kann auch hohe Managementkunst nichts mehr ausrichten.

Aber viele Probleme sind hausgemacht. Das Donaukraftwerk bei Hainburg östlich von Wien wäre mit Sicherheit längst gebaut, wenn sich das verantwortliche Management in den siebziger Jahren hätte entschließen können, die damaligen Umweltschutzauflagen zu erfüllen. Statt dessen hat der damalige Vorstand mit der stereotypen Wiederholung der Feststellung reagiert, daß er auf Grund des Aktiengesetzes zu einer ausschließlich betriebswirtschaftlich orientierten Unternehmensführung verpflichtet sei. Die geforderten Umweltschutzmaßnahmen seien eben betriebswirtschaftlich nicht vertretbar. Ein paar Jahre später hat man es anders gehört. Da bot der gleiche Vorstand von sich aus umweltschützerische Maßnahmen an, die weit über die ursprünglichen Auflagen hinausgingen. Zu spät, um den Zug der öffentlichen Meinung, der in der Zwischenzeit in Richtung totales Bauverbot abgefahren war, noch aufhalten zu können.

Die Manager des Schweizer Chemiekonzerns Sandoz haben 1986 auch nicht klüger gehandelt. Nach dem Betriebsunfall, der eine verheerende Rheinverschmutzung zur Folge hatte, haben sie durch eine denkbar unglückliche Informations- und Kommunikationspolitik nicht nur sich selbst, sondern der gesamten Branche einen Bärendiest erwiesen.

Ich habe diese beiden Beispiele aus einer Vielzahl ähnlicher Fälle herausgegriffen, weil sich an ihnen anschaulich demonstrieren

läßt, was not tut, um aus der unternehmerischen Defensive in die unternehmerische Offensive zu gelangen. Dazu bedarf es großer Veränderungen in der Unternehmensplanung, in der Selbstdarstellung und im Managementstil.
Traditionelle Planung umfaßt die Bereiche Marktforschung, Produktplanung, Absatzplanung und Finanzplanung. Diese Bereiche werden auch in Zukunft zu den »essentials« der Planung gehören. Nur muß die Planung um eine Dimension erweitert werden, die der amerikanische Managementlehrer Igor Ansoff die soziopolitische Dimension nennt. Dazu zählt die Beobachtung gesellschaftlicher Trends, des Tenors der Medienberichterstattung zu bestimmten Themen und möglicher Gesetzesinitiativen. Die aufmerksame Registrierung der Spruchpraxis von Gerichten und Verwaltungsbehörden gehört ebenso dazu wie die Beobachtung von Aktivitäten regionaler und überregionaler pressure groups. Nicht mehr dem Kunden allein darf das Unternehmensinteresse gelten. Auch dem Nichtkunden muß gebührende Aufmerksamkeit gewidmet werden. Nicht so sehr deshalb, weil man in ihm den Noch-nicht-Kunden sieht, den man zum Kunden machen kann, sondern um zu verhindern, daß er potentielle Kunden davon abhält, tatsächliche Kunden zu werden. Ein hochrangiger Manager in der Computerindustrie hat einmal gesagt: »Für unsere Industrie gibt es keine objektiven Nachfragegrenzen. Unser Wachstum kann nur von einer feindseligen öffentlichen Meinung gestoppt werden. Und diese feindselige Meinung kann durchaus von Leuten geformt sein, die nicht einmal wissen, was ein Computer ist und was er kann.«
Wenn Audi und Lufthansa das Musikfestival in Schleswig-Holstein unterstützen, wenn die IBM die TV-Ausstrahlung des Neujahrskonzertes der Wiener Philharmoniker in die ganze Welt ermöglicht und wenn das Reiterstandbild des Marc Aurel dank der großzügigen Unterstützung durch den italienischen Riunione-Versicherungskonzern restauriert werden kann, so hat das auch damit zu tun, daß Kunst und Kultur dabei sind, im Wertgefüge der Manager einen immer festeren Platz einzunehmen. Aber es hat auch mit dem Wunsch zu tun, durch Engagement in einem Bereich, der auf der gesellschaftlichen Wertskala insgesamt an Boden ge-

winnt, Gutpunkte für das Unternehmensbild in der Öffentlichkeit zu sammeln. Das ist zwar keineswegs uneigennützig, aber deshalb nicht unanständig. Wenn es der Kultur nützt, so soll es ruhig auch dem Unternehmen nützen.
Der Nutzen dieser Sponsorleistung für das Unternehmen ist um so größer, je besser diese Leistung »verkauft« wird. Sponsorprofis wissen, daß für jeden Sponsorschilling ein weiterer Schilling für die Vermarktung veranschlagt werden muß, um eine optimale Öffentlichkeitswirkung zu erzielen.
Andrew Carnegie, eine der großen amerikanischen Unternehmerpersönlichkeiten, hat zu Ende des vorigen Jahrhunderts gemeint, daß es schwieriger sei, »Geld gescheit zu spenden, als es zu verdienen«. Europa mit seiner im Vergleich zu den Vereinigten Staaten wesentlich weniger entwickelten Spendentradition hat für diesen Ausspruch bis in die späten sechziger Jahre fast täglich neue Beweise geliefert. Wenn überhaupt Geld gespendet wurde, dann planlos. Erst in den siebziger Jahren entdeckte man Sponsoring als ein Vehikel, das einem hilft, strategische Unternehmensziele zu erreichen.
Zunächst stand als Ziel die Erhöhung des Bekanntheitsgrades im Vordergrund. Besucherzahlen und TV-Einschaltquoten wurden daher zum entscheidenden Kriterium für den Fluß von Sponsorgeldern. Fußballspiele, Tennismatchs und Formel-I-Rennen wurden diesem Kriterium am besten gerecht. Daher hat sich in den sechziger und in den siebziger Jahren das Sponsorinteresse vor allem auf Sportveranstaltungen konzentriert.
Für viele Firmen ist das Ziel, gerade bei einem sportinteressierten Publikum einen hohen Bekanntheitsgrad zu erreichen, nach wie vor nicht zu verachten. Dennoch ist nicht zu übersehen, daß Prioritäten verschoben werden. Nicht mehr der Bekanntheitsgrad oder die Identifizierung mit sportlichen Höchstleistungen sind Primärziele, sondern die Demonstration von Engagement, Qualität, Stil und Tradition. Und was kann es da Idealeres geben als Musik, Denkmalpflege und Literatur? So kam in den achtziger Jahren zum Sportsponsoring ein weiterer Schwerpunkt dazu: das Kultursponsoring.
Eine Düsseldorfer Marktforschungsfirma hat unlängst eine Um-

frage darüber gemacht, welche Institutionen den Deutschen am meisten imponieren. Nach dieser Untersuchung geht die größte Faszination von Greenpeace aus, gefolgt von der olympischen Idee, den SOS-Kinderdörfern und Amnesty International. Im Kapitel über das gesellschaftspolitische Engagement des Managers der Zukunft werden wir sehen, daß das stärker als in der Vergangenheit im sozialen und karitativen Bereich liegen wird. Die Vermutung hat daher viel für sich, daß die neunziger Jahre dem Sozialsponsoring gehören werden, weil sich darin persönliches Engagement einerseits und der gesellschaftliche Stellenwert andererseits am idealsten treffen.

Viele halten Kultur- und Sozialsponsoring für Kosmetik. Die Faszination des Altruismus wird dazu benutzt, um durchaus egoistische geschäftliche Ziele um so besser verfolgen zu können. Kein Zweifel: Nicht alles ist Überzeugung, und manches ist Kalkül. Auf den gleichen Vorwurf trifft die soziopolitische Unternehmensplanung. Sie würde nicht zu einer Neubewertung unternehmerischer Zielsetzungen im Licht des gesellschaftlichen Wohles führen, sondern nur dazu dienen, besser gegen gesellschaftlichen Widerstand gewappnet zu sein. Auch das soll nicht geleugnet werden. Aber in jedem Fall darf eines nicht übersehen werden: Eine Beschäftigung mit gesellschaftspolitischen Trends und ein bewußtes Reagieren darauf ist auf Dauer unmöglich, ohne für die Materie selbst stark sensibilisiert zu werden.

Sir Adrian Cadbury, ein Enkel des Begründers des englischen Schokoladeimperiums, hat sich in einem Artikel in der »Harvard Business Review« mit der Frage auseinandergesetzt, welchen Stellenwert die Moral bei unternehmerischen Entscheidungen haben kann. Er führt dabei als Beispiel seinen Großvater an, der ein leidenschaftlicher Gegner des Burenkrieges war. Eines Tages bekommt er von der englischen Königin Victoria den Auftrag, Auszeichnungen für englische Soldaten, die im südlichen Afrika im Einsatz waren, mit Schokolade zu überziehen. Sollte er den Auftrag annehmen oder seinem Gewissen entsprechend ablehnen? Er entscheidet sich im Interesse seiner Mitarbeiter für die Annahme des Auftrages, aber zu einem so knapp kalkulierten Preis, daß er ihm keinen Gewinn bringen konnte. Aus dem Krieg wollte Sir Adrians Großvater keinen Vorteil ziehen. Darüber hinaus erwirbt er eine Zeitung, um darin gegen den Burenkrieg Stimmung machen zu können. Da steht er vor einem neuen Dilemma. Er ist nämlich auch Gegner des Wettens und drängt darauf, daß seine Zeitung keine Berichte über Pferderennen bringt. Doch er muß zur Kenntnis nehmen, daß die Zeitung ohne Rennberichte stark an Auflage einbüßt, was wiederum seine Plattform für den Kampf gegen den Burenkrieg verkleinert. Letztlich kommt er zu der Einsicht, daß der Krieg im Vergleich zum Pferderennen das größere Übel ist, und läßt die Rennberichterstattung wieder zu. Würde ein Vorstand als Kollegialorgan, das einem anonymen Aktionär verantwortlich ist, in der gleichen Situation die gleiche Entscheidung getroffen haben? Der amerikanische Moraltheologe Reinhold Niebuhr, der als Lehrer auf den Collegestudenten Martin Luther King großen Einfluß ausübte, hat die These aufgestellt, daß ethisch und moralisch orientierte Unternehmensentscheidungen zu Lasten einer interessenorientierten Entscheidung nur von sich selbst verantwortlichen Einzelpersonen getroffen werden können. Gremien und Kollegialorgane seien immer nur dazu imstande, interessenorientierte Entscheidungen zu treffen. Das klingt recht einleuchtend, aber die Zukunft wird zeigen, daß die Zeiten, in der ethisches Handeln und betriebswirtschaftliches Handeln weit auseinanderklaffen, bald der Vergangenheit angehören werden. Und wer nicht aus Gutheit »gut« handelt, der wird aus Klugheit »gut« handeln.

Der Pharmakonzern Eli Lilly hat vor einiger Zeit eine Chemikalie zur Vernichtung von Koka-Sträuchern entwickelt, für die sowohl die US-Regierung als auch die Regierungen einiger mittel- und südamerikanischer Länder bereit waren, saftige Preise zu bezahlen. Der Konzern weigerte sich aber, das Mittel zum Vertrieb freizugeben, weil es seiner Ansicht nach noch nicht genügend auf Umweltfolgeschäden getestet war. Die Unternehmensführung verzichtete damit auf ein sehr profitables Geschäft, wahrscheinlich auch aus Sorge um einen späteren Imageschaden. Die Weigerung mag also durchaus auch betriebswirtschaftliche Gründe haben. Dennoch verrät sie ein Ausmaß an umweltpolitischer Sensibilität, das vor zehn Jahren undenkbar gewesen wäre.

Und schließlich wird kein Unternehmen dem Kriterium der moralischen Bonität gerecht werden, das keine offene Kommunikation betreibt. Es wird bald der Vergangenheit angehören, daß Unternehmen die Hauptaufgabe von Öffentlichkeitsarbeit darin sehen, nicht zu informieren. Das hat sich in der Vergangenheit oft bewährt, funktioniert auch heute manchmal noch, wird aber in Zukunft immer fehlschlagen. Die Risken einer solchen Strategie sind größer als ihre Chancen. Die negativen Folgen bei Risikoeintritt sind wesentlich größer, als der Erfolg beim Gelingen der Strategie je sein kann. Die Neugierde der Öffentlichkeit ist heute so groß und der journalistische Spürsinn so gut entwickelt, daß ein falscher Zungenschlag sehr schnell erkannt wird. Der Versuch, unangenehme Wahrheiten unter den Teppich zu kehren, löst nur eine um so intensivere Suche nach der Wahrheit aus.
Zur offenen Information zählt auch die Bereitschaft, ohne Vorurteil zuzuhören. Wer jede Kritik an einem Unternehmen gleich als unqualifizierten Angriff auf die Leistungsgesellschaft insgesamt und als Anschlag auf die soziale Marktwirtschaft denunziert, der wird sich schwer damit tun, die kostbare Eigenschaft der Glaubwürdigkeit für sich in Anspruch zu nehmen.

Der Manager der Zukunft muß den Umgang mit der Öffentlichkeit beherrschen

Wer vor dreißig Jahren eine Tageszeitung aufschlug, der konnte nicht damit rechnen, darin sehr viele Wirtschaftsinformationen zu finden, und wahrscheinlich suchte er auch gar nicht danach. Natürlich gab es auch damals schon Blätter, die Berichten aus der Wirtschafts- und Finanzwelt breiten Raum widmeten, aber das waren wahre Ausnahmen. Die Durchschnittszeitung hatte keine systematische Wirtschaftsberichterstattung, und dem Durchschnittsleser ging sie auch nicht ab. Wirtschaft war kein Gegenstand allgemeinen Interesses. Ich erinnere mich noch, wieviel Mühe und Überwindung es mich gekostet hat, als Jusstudent den Wirtschaftsteil der »Presse« zu lesen. Und die Lektüre war nur durch die Aussicht zu ertragen, nach erfolgreicher Absolvierung der volkswirtschaftlichen Prüfung die entsprechenden Seiten wieder überblättern zu können.
Heute ist die Situation völlig anders. Auch ausgesprochene Boulevardzeitungen haben einen Wirtschaftsteil, Wirtschaftsmagazine gehören zu den Rennern in der Medienbranche – wenn man die Zahl der Neuerscheinungen als Maßstab nimmt, muß das Leserinteresse gigantisch sein –, und für Informationen aus diesem Bereich interessieren sich auch Studenten, die nicht aus Prüfungsangst dazu getrieben werden.
Aber nicht nur der Umfang der Wirtschaftsberichterstattung hat sich entscheidend verändert. Auch bei Themen und Inhalten hat es große Veränderungen gegeben. Früher standen Sachthemen, Wirtschaftspolitik und Berichte über Firmen im Vordergrund der Berichterstattung, die handelnden Personen blieben meistens im Hintergrund. Unternehmer und Manager waren mehr oder weni-

ger anonyme Gestalten, deren Namen nur Eingeweihten vertraut waren. Personalnotizen waren wirklich nur als Notizen im Kleingedruckten zu finden und zeichneten sich vor allem dadurch aus, daß kaum jemand von ihnen Notiz nahm. Heute hat der Trend, jedes Thema soweit wie möglich zu personalisieren, die Wirtschaftsberichterstattung voll erfaßt. Wer hat vor dreißig Jahren die Namen der Chefs auch der größten Firmen eines Landes gekannt? Heute kennt in Österreich jeder Zeitungsleser den Chef der Verstaatlichten Industrie, Hugo Michael Sekyra, oder Guido Schmidt-Chiari, den Vorstandsvorsitzenden der Creditanstalt. Und nicht nur Italienern ist Carlo de Benedetti als der Mann ein Begriff, der bei Olivetti das Sagen hat, und nicht nur Deutsche wissen mit den Namen Eberhard von Kuenheim und Edzard Reuter etwas anzufangen. Von Lee Iacocca ganz zu schweigen. Dabei zeigt sich ein seltsamer Widerspruch. In Zeiten, in denen es noch nicht üblich war, bei jeder sich bietenden Gelegenheit darauf hinzuweisen, daß Managementerfolg in erster Linie das Ergebnis von Teamarbeit wäre, und wo es für einen Firmenchef noch selbstverständlich war, die Parole »Alles hört auf mein Kommando« auszugeben, da wurden Manager in den Medien so behandelt, als ob sie gesichtslose, anonyme Kollektive wären. Heute, wo man nicht müde wird, den Teamcharakter in der Unternehmensführung zu betonen, stehen in der Medienberichterstattung Einzelpersonen im Vordergrund, sei es als Helden oder als Schurken oder als Dummköpfe. Da hat Lee Iacocca Chrysler vor dem Konkurs gerettet, da hat Werner Breitschwerdt Daimler-Benz in eine Führungskrise taumeln lassen, da hat Heribert Apfalter die VOEST fast in den Konkurs geführt, und da hat Helmut Schuster aus dem heruntergewirtschafteten Laden Ankerbrot die kundenfreundlichste Brotfabrik Europas gemacht. Ich kenne kein industrialisiertes Land der westlichen Welt, das der Versuchung widerstehen könnte, einen »Manager des Jahres« zu küren.
Manche Manager mögen diesen Trend beklagen, aufhalten werden sie ihn nicht können. Die Manager sind auf dem besten Weg, zu »public figures« zu werden. Das hat aber nicht nur damit zu tun, daß der Nachrichtenkonsument Informationen mit Vorliebe in personalisierter Form zu sich nimmt. Es hat vor allem damit zu

tun, daß die Managementaufgabe immer stärker zu einer politischen Aufgabe mit all ihren Begleiterscheinungen wird. Die öffentliche Meinung kann ein starker Verbündeter eines Unternehmens, aber auch ein übermächtiger Gegner sein. Der Topmanager der Zukunft muß daher imstande sein, Anliegen seines Unternehmens in der Öffentlichkeit wirksam vorzubringen, die öffentliche Meinung zu mobilisieren, und wenn notwendig, muß er sich auch in der Öffentlichkeit gekonnt zur Wehr setzen können. Ein Unternehmen kann in der Öffentlichkeit nie glaubwürdiger sein, als es seine Manager sind. Schon heute kann ein verunglückter Fernsehauftritt eines Spitzenmanagers dem Unternehmen mehr schaden als eine falsche Investitionsentscheidung.

Es gibt noch immer jede Menge von Topmanagern, die um jeden Journalisten einen großen Bogen machen und die im Fernsehstudio schon Schweißausbrüche bekommen, bevor die Scheinwerfer eingeschaltet sind. Manche pauken vor dem Auftritt stundenlang Antworten auf eventuelle Fragen ein und wirken dann auf dem Bildschirm wie falsch programmiert, wenn die Frage etwas anders gestellt wurde, als sie sie eingelernt haben. Gerade in Branchen und Industrien, bei denen das öffentliche Interesse besonders groß ist, ist die Überzeugungskraft des Managements bei öffentlichen Auftritten das größte Kapital des Unternehmens. Wenn ein Großunternehmen auf Zuschüsse des Steuerzahlers angewiesen ist, dann macht es für den Steuerzahler doch einigen Unterschied, ob das Spitzenmanagement das Sanierungskonzept vor laufender Kamera überzeugend darstellen kann oder ob es zögernd und unsicher agiert. Die Unsicherheit mag durchaus auf die Fernsehkameras zurückzuführen sein, der Zuseher führt sie aber auf mangelnde Kompetenz und auf Zweifel der Manager selbst an der Wirksamkeit des Konzeptes zurück.

Drei Eigenschaften sollte der Manager, der in der Öffentlichkeit bestehen will, haben: erstens eine persönliche Glaubwürdigkeit, die auf einem eigenen festen Standpunkt und der Fähigkeit ruht, sich mit einer anderen Meinung intellektuell redlich auseinandersetzen zu können; zweitens Eloquenz und Schlagfertigkeit, wenn möglich versehen mit einem Schuß Humor, und drittens ein Gespür für das Timing beim öffentlichen Auftritt.

So gesehen ist es verwunderlich, daß diese Fähigkeiten noch nicht wirklich Bestandteil des Selektionsprozesses bei Spitzenmanagern sind. »Gutes Auftreten« und der diffuse Begriff »Kommunikationsfähigkeit« fehlen zwar kaum in einem Anforderungsprofil, aber auf eine ernsthafte Probe in Richtung Auftritt in der Öffentlichkeit werden Kandidaten für Spitzenpositionen bislang nicht gestellt. Wenn sich ein Kandidat in einem Gespräch mit dem Präsidenten des Aufsichtsrates oder einzelnen Aufsichtsratsmitgliedern als nicht mundfaul erweist und wenn er »wie ein Executive ausschaut«, dann ist dieses Kriterium abgehakt.

An dieser Stelle ist jetzt ein Einwand fällig. Wie oft kommt es denn schon vor, daß man als Vorstandsdirektor eines Unternehmens vor die Fernsehkamera gebeten wird? Schließlich arbeiten doch noch die meisten Firmen, ohne daß die Öffentlichkeit von ihnen besonders Notiz nehmen würde, und wirklich öffentlich exponiert werden maximal 10 Prozent aller Betriebe. Darauf kann man nur antworten, daß vor zwanzig Jahren höchstens ein Prozent aller Unternehmen sich eines besonderen öffentlichen Interesses erfreuen konnte und daß es in zehn Jahren vielleicht 25 Prozent sein werden. Gut möglich, daß es auch in fernerer Zukunft einige Betriebe geben wird, die von den Medien und der Öffentlichkeit unbehelligt agieren können, aber die werden nicht die Regel, sondern die Ausnahme sein.

Im Jahr 2000 wird es jedenfalls viele Großunternehmen geben, die ihre Kandidaten für Spitzenpositionen durch Interviewprofis vor laufender Kamera testen lassen und sie bei Vorträgen und Podiumsdiskussionen beobachten. Zu wichtig wird diese Managementqualität, als daß es sich die Unternehmen in der Zukunft leisten könnten, darauf im Auswahlprozeß kein besonderes Augenmerk zu richten.

In der Bundesrepublik Deutschland ist eine repräsentative Zahl von Absolventen des Studiums der Bankbetriebslehre danach befragt worden, von welchen deutschen Bankinstituten sie den Namen von mindestens einem Vorstandsmitglied nennen können. 45 Prozent konnten das für die Deutsche Bank, 29 Prozent für die Dresdner Bank und 23 Prozent für die Commerzbank. Auf die Frage, bei welchem Institut sie am liebsten arbeiten würden, entschieden sich 36 Prozent für die Deutsche Bank, 7 Prozent für die Dresdner Bank und 6 Prozent für die Commerzbank. Welcher Schluß läßt sich aus dieser Umfrage ziehen? Daß es einen Zusammenhang zwischen der Höhe des Öffentlichkeitsprofils eines Unternehmens und seiner Attraktivität für Bewerber gibt. Der Wettbewerb um Nachwuchstalente wird immer härter und wird in Zukunft eine Intensität erreichen, die man sich heute noch gar nicht vorstellen kann. Die Nase in diesem Wettbewerb werden diejenigen Firmen vorne haben, die es verstehen, ihren Stil, ihre Kultur und ihren Erfolg in der interessierten Öffentlichkeit sichtbar werden zu lassen.

Eine Schlüsselfunktion kommt dabei den Abteilungen für Öffentlichkeitsarbeit zu. Diese Abteilungen führen vielfach noch ein kümmerliches Schattendasein. Sie haben den Werbeetat zu verwalten, und ihre Leiter dürfen ihre journalistischen Fähigkeiten vor allem an der Hauspostille erproben. Oft sind sie in der Hierarchie schlecht plaziert und personell fast immer quantitativ und oft qualitativ unterbesetzt. Wer hat noch nicht angebliche Leiter der Öffentlichkeitsarbeit erlebt, die von ihren Vorgesetzten zum Auflegen von Folien für den Overheadprojektor oder für die Feineinstellung der Mikrofonhöhe mißbraucht worden sind? Diese Zeiten werden bald Geschichte sein, und der Stellenwert der Öffentlichkeitsarbeit im Unternehmen wird stark ansteigen. Wahrscheinlich werden die Öffentlichkeitsarbeiter die »Aufsteiger« des nächsten Jahrzehnts werden, allerdings nur nach einer durchgreifenden personellen Erneuerung.

Es war bis jetzt immer nur davon die Rede, wie wichtig es für ein Unternehmen ist, wenn seine Manager den Umgang mit der Öffentlichkeit beherrschen. Die Bedeutung für den Manager selbst soll dabei nicht übersehen werden. Bekanntheit schafft Wettbewerbsvorteile bei der eigenen Karriere. Das hat vor allem damit zu tun, daß sich immer mehr Firmen entschließen, ihre Führungskräfte von außen zu holen. Davon wird später noch ausführlich die Rede sein. Bei dieser Suche verläßt man sich immer weniger gerne auf ein Inserat, sondern man hält entweder selbst gezielt Ausschau oder bedient sich eines Beratungsunternehmens, das auf die Suche von Führungskräften spezialisiert ist. Wirklich qualifizierte Berater können zwar mit Recht darauf hinweisen, daß sie auch die Blumen, die ganz im Verborgenen blühen, zu entdecken imstande sind, aber selbstverständlich stoßen sie bei ihrer Suche zunächst einmal auf die Blumen, die sich auf der Wiese einen Platz ausgesucht haben, der von allen Seiten gut einsehbar ist. Und es passiert nicht selten, daß der Platz im Verborgenen undurchsucht bleibt, weil man auf dem Platz in der Sonne bereits fündig geworden ist.

Lobbying wird eine zentrale Aufgabe des Topmanagements

Es zählt in vielen Ländern zu den beliebtesten Gesellschaftsspielen, durch Meinungsumfragen Image und Prestige von einzelnen Berufen erheben zu lassen. Eines dieser Länder ist Israel. Dort zeigen diese Umfragen ein besonders interessantes Resultat. Mit schöner Regelmäßigkeit landen Bankiers, Politiker und Journalisten – in dieser Reihenfolge – auf den letzten drei Plätzen. In keinem Land wird meines Wissens nach dem Image der Lobbyisten gefragt. Würde danach gefragt, so hätten die israelischen Journalisten gute Chancen, die rote Laterne auf der Prestigerangliste abzugeben.

»Lobbying« hat einen ganz schlechten Klang. Es klingt nach unsauberen Geschäftsmethoden, nach unzulässigem Druck auf Politiker, und nicht erst seit der Lockheed-Affäre klingt es für manche nach Bestechung. Viele Leute halten einen Lobbyisten für jemanden, der für seine Tätigkeit das Dunkel bevorzugt, weil er das Licht scheuen muß. Ein Unternehmen, das in seinem Organogramm eine »Lobbying-Abteilung« ausweisen würde, beginge imagemäßigen Selbstmord.

Lobbying hat zwei Ziele. Zunächst ist es ein Instrument, um ein möglichst großes Stück von dem Kuchen, den die öffentliche Hand zu verteilen hat, zu bekommen. Für Firmen, die in erster Linie von Staatsaufträgen leben, hat diese Form des Lobbying höchste Priorität. Und von dieser Form hat Lobbying auch seinen schlechten Ruf, weil damit Versuchungen verbunden sind, denen standzuhalten nicht jedermanns Sache ist. In den bundesdeutschen Medien erregt es immer einige Aufmerksamkeit, wenn ein pensionierter General der Bundeswehr von einem in der Rüstungsindustrie tätigen Konzern als Berater engagiert wird. Solche Engagements sind durchaus legitim. Von der Öffentlichkeit werden sie aber stets mit scheelen Augen angesehen, weil schnell der Verdacht zur Stelle ist, daß sich der Konzern mit so einem Vertrag Zugang zu Informationen sichern möchte, die an sich nicht für ihn bestimmt sind. Die Musik in den Medien, die solche Ernennungen begleitet, ist auch selten in einer freundlichen Tonart geschrieben.

Aber Lobbying ist keine Funktion, die nur für solche Unternehmen von Interesse ist, deren Auftragsbücher vornehmlich von der öffentlichen Hand gefüllt werden. Zweites Lobbying-Ziel ist es nämlich – und diese Zielsetzung wird von der Bedeutung her der ersten schnell den Rang ablaufen –, Entscheidungsträgern in Politik und Gesellschaft den Standpunkt des Unternehmens zu Fragen, die seine Interessen berühren, näherzubringen und zu verdeutlichen. Damit soll eine Gesetzgebung und eine Verwaltungspraxis verhindert werden, die den Interessen des Unternehmens schadet. Lobbying heißt, ein politisches Klima zu fördern, das Prosperität und Wachstum von Unternehmen begünstigt.

Es wird Leute geben, die diese zweite Lobbying-Aufgabe für noch bedenklicher halten als die erste, weil es hier nicht nur um Ankaufsentscheidungen geht, sondern um unter Umständen gesellschaftlich besonders wichtige Weichenstellungen. Manche sehen dadurch sogar den Primat der Politik bedroht.

Politik spielt sich nie in einem interessenfreien Raum ab. Die Gesetzgebung ist immer dazu da, irgend jemandes Interesse zu schützen und sicherzustellen. Ein Management würde seine Aufgabe nur unzulänglich erfüllen, wenn es nicht alles in seiner Macht Stehende tun würde, um die Interessen seines Unternehmens zu schützen und zu fördern. Es gibt wirklich keinen Grund, in diesem Bestreben vor der Legislative haltzumachen. Entscheidend ist nur, daß eine solche Einflußnahme auf rechtlich korrekte Weise geschieht und die damit verbundenen Aktionen völlig transparent sind.

Die Bedeutung dieser Aufgabe nimmt stark zu, und die Pflicht der Manager, aktiv zu werden, wird größer. Die Flut von Gesetzen, die zumindest mittelbare Auswirkungen auf die Wirtschaft haben, ist

nach wie vor im Steigen. Von Ebbe ist weit und breit keine Spur. Zwar ist in einigen für die Industrie wichtigen Bereichen der Ruf nach Deregulierung nicht ungehört verhallt. Aber die gesellschaftliche Bedeutung des Umweltschutzes und des Konsumentenschutzes wird so groß werden, daß in diesen Bereichen die Devise nicht Deregulierung, sondern Regulierung heißen wird. In spätestens zehn Jahren wird kein einziges Wirtschaft und Industrie betreffendes Gesetz verabschiedet werden können, das nicht den ausdrücklichen Segen der Umwelt- und Konsumentenschutzbehörde hat. Für manche Unternehmer wird das den Übergang vom »High-Tech-Zeitalter« zum »High-Trouble-Zeitalter« bedeuten. Vor allem für die, die angesichts dieses Trends nichts anderes tun, als die guten, alten Zeiten zu beweinen, in denen man in qualmenden Fabrikschloten nur den augenscheinlichen Beweis wirtschaftlicher Dynamik gesehen hat.
Der zweite Grund, warum die Bedeutung des Lobbying zunimmt, ist darin zu sehen, daß zur nationalen Dimension der Gesetzgebung auch eine internationale oder supranationale dazukommt. Manager müssen nicht mehr nur darauf achten, was in den Parlamenten ihrer Landesmetropolen passiert. Straßburg und vor allem Brüssel bedürfen mindestens der gleichen Aufmerksamkeit. Und die Zeiten sind nicht mehr fern, wo jedes Großunternehmen ein Verbindungsbüro in Brüssel eingerichtet haben wird. Ob das Unternehmen in einem EG-Land seine Zentrale hat oder nicht, wird keinen Unterschied machen.
In den Vereinigten Staaten war die Interessenvertretung immer in erster Linie Sache der einzelnen Unternehmen. Unternehmerverbände und Arbeitgeberorganisationen haben dort nie eine wirklich bedeutende Rolle gespielt. Wie sehr dort die Bedeutung des Lobbying zugenommen hat, zeigen folgende Zahlen: Im Jahre 1960 hatten etwas über hundert Unternehmen ein eigenes Büro in Washington. Anfang der achtziger Jahre waren es bereits siebenhundert, und 1990 werden es weit über tausend sein.
Im Vergleich zu den Vereinigten Staaten hatten die Handelskammern und Industrieverbände in Europa immer ein besonders starkes Gewicht. Und in fast allen europäischen Ländern hatten sie lange Zeit ein Quasi-Monopol für die Vertretung von Unterneh-

mensinteressen gegenüber der Gesetzgebung und der Verwaltung. Unternehmer und Manager haben ihnen dieses Monopol bereitwillig eingeräumt. Warum soll das in Zukunft anders sein und Lobbying eine Managementaufgabe werden? Warum können die Verbände nicht fortführen, was sie so lange zur Zufriedenheit von Unternehmern und Managern gemacht haben? Dafür gibt es mehrere Gründe.

Zunächst einmal wächst das Unbehagen eben dieser Unternehmer und Manager an ihren Standesvertretungen, und die Lautstärke ihrer Kritik hat bereits beachtliche Phon-Zahlen erreicht. Da ist von verkrusteten Strukturen die Rede, von wenig dynamischen Funktionären und von einseitiger Ausrichtung auf die Maroden, Fußkranken und Unbeweglichen unter den Mitgliedern. Geringe Durchschlagskraft würde sich mit zu großer Kompromißbereitschaft paaren. Die Manager spüren immer deutlicher, daß sie das Heft selbst in die Hand nehmen müssen.

Mit ganz wenigen Ausnahmen bläst den Unternehmensverbänden der Wind überall ins Gesicht. Eine dieser bemerkenswerten Ausnahmen stellt im Moment die Österreichische Industriellenvereinigung dar. Ihr ist es gelungen, mit einer sehr professionell gemachten EG-Kampagne ein dynamisches Thema zu besetzen, das fast alle Österreicher interessiert. Das gekonnte Auftreten ihrer Funktionärsspitzengarnitur in der Öffentlichkeit tut ein übriges. Aber solche Ausnahmen können nicht den Blick auf den generellen Trend verstellen: Das Klima für Arbeitgeberorganisationen wird rauher, und die Winde werden widriger. Ihre Partner auf der anderen Seite des Tisches, die Gewerkschaften, hat es zwar noch viel schlimmer erwischt, aber das kann für die Arbeitgeber nur ein schwacher Trost sein.

An diesem Gegenwind ist nicht zuletzt der Zeitgeist schuld, der Individualismus bewundert und fast allen Kollektivorganisationen abhold ist. Aber es ist nicht der Zeitgeist allein. Die Vorwürfe haben durchaus Substanz. Auch auf die zunehmende Internationalisierung der Wirtschaft mit ihren Konsequenzen für die Wahrung von Unternehmensinteressen sind die Verbände nicht wirklich vorbereitet. Da sind einmal die multinationalen Unternehmen, die den nationalen Standesorganisationen nie wirklich viel Freude be-

reitet haben, weil sie sich selten zu mehr als zu einem recht dilatorischen Engagement entschließen konnten. Wobei es hier durchaus noch Unterschiede zwischen amerikanischen und europäischen Multis gibt. Generell aber kann man sagen, daß multinationale Firmen seit jeher dazu tendieren, sich im Zweifel eher auf eigene Kraft und auf eigene Ressourcen zu verlassen. Da gibt es zum Beispiel Multis, die in einem Land nur über eine Vertriebsorganisation, nicht aber über eine eigene Produktion verfügen. Die Regierung des Landes hingegen sieht aus Zahlungsbilanz- und Arbeitsplatzgründen in ihren Beschaffungsrichtlinien eine bevorzugte Behandlung von Firmen vor, die im Land produzieren. Was soll also ein Unternehmensverband tun, wenn ihn ein solcher Multi auffordert, gegen derartige Richtlinien Sturm zu laufen?
Aber auch die zunehmende internationale Verflechtung von Unternehmen mit ursprünglich rein nationaler Bedeutung bringt Verschiebungen in der Interessenlandschaft mit sich, die es einem nationalen Verband nicht leicht machen, sich darauf einzustellen. Darüber hinaus nehmen in der Industrie Interessenvielfalt und Interessenunterschiede in einer Weise zu, daß Verbände, die ja auch für Interessenausgleich und Interessenharmonie zu sorgen haben, leicht überfordert sind. Wir werden deshalb auch erleben, daß branchenspezifische Interessenvertretungen auf Kosten von Gesamtverbänden an Bedeutung und Profil gewinnen werden.
In Bereichen, die nicht überbetriebliche sozialpartnerschaftliche Belange berühren, werden sich in Zukunft auch in Europa Unternehmer und Manager nicht mehr voll auf Kammern und Verbände stützen können. Und auch europäische Firmen werden dazu übergehen, Verbindungsbüros auf nationaler und internationaler Ebene zu etablieren. Wer glaubt, daß in solchen Verbindungsbüros vor allem Parties mit prominenter Besetzung gefeiert werden, und es die Aufgabe des Bürochefs ist, mit Meinungsbildnern möglichst oft Golf oder Tennis zu spielen, der irrt. In diesen Büros werden Informationen gesammelt und ausgewertet, und der politische Meinungsbildungsprozeß wird dort genau verfolgt und analysiert. Beamte und Politiker werden mit exakten und präzisen Darstellungen und Berechnungen über mögliche Konse-

quenzen von Gesetzen und Verordnungen versorgt. Oft sind diese Unterlagen wesentlich genauer und hilfreicher als die, welche die Politiker von ihren eigenen Leuten erhalten.
Für diese Arbeit bedarf es qualifizierter Stäbe, die das eigene Unternehmen und die politische Szene kennen. Frühstücksdirektoren sind da völlig fehl am Platz, und diese Abteilung kann auch kein Refugium für Leute sein, die einen gutbezahlten Vorruhestand genießen wollen.
Aber Stäbe allein werden – wie qualifiziert sie auch immer sein mögen – wenig ausrichten, wenn das Topmanagement nicht bereit oder fähig ist, Flagge zu zeigen. Vorstand und Geschäftsführung sind gefordert, wenn es gilt, Türen aufzumachen und die Position des Unternehmens klarzustellen. Die Politik macht zwar die Managementaufgabe in weiten Bereichen immer schwieriger, gleichzeitig ist aber auch die Bereitschaft der Politiker gewachsen, Unternehmensanliegen ernst zu nehmen. Der Stellenwert der Manager in der Öffentlichkeit hat in den letzten Jahren zugenommen und wird weiter wachsen. Damit wird auch ihr Stellenwert bei den Politikern größer. So ist es heute bereits für einen Manager viel leichter als vor zehn Jahren, einen »politischen« Termin zu bekommen.
Noch haben nicht alle Topmanager realisiert, wie sehr sich die Zeiten geändert haben. Sie werfen ihr Gewicht nicht energisch genug in die Waagschale aus Sorge, für zu leicht befunden zu werden. Aber Manager lernen im allgemeinen schnell, und die Politik wird dieses Gewicht bald verstärkt zu spüren bekommen. Einer der größten Fehler beim Lobbying besteht übrigens darin, den Kontakt vor allem zu den Entscheidungsträgern zu suchen, von denen man annehmen kann, daß sie dem Unternehmensanliegen positiv gegenüberstehen. Dadurch bekommt man meistens ein verzerrtes Bild der Realität, und die Welt sieht viel rosiger aus, als sie sich im nachhinein herausstellt. Aber das ist nicht die einzige Fehlerquelle. Wir neigen alle dazu, aus Gegnern, die wir nicht persönlich kennen, Feinde zu machen. Und Feindbilder sind auch beim Lobbying schädlich! Daher ist nicht nur das Gespräch mit dem Freund, sondern auch mit dem Gegner wichtig. Bleibt noch die Frage zu klären, ob für professionelles Manage-

ment-Lobbying ein persönliches politisches Engagement notwendig oder zumindest hilfreich ist. Im Einzelfall kann es helfen, aber wirklich nur im Einzelfall. Unverzichtbar ist nur die Fähigkeit, den politischen Meinungsbildungsprozeß zu verstehen, und ein Gefühl dafür, welche Argumente auch politischen Eindruck machen. Oft scheitern Lobbying-Versuche daran, daß die verwendete Argumentation zwar aus Unternehmenssicht Sinn hat, aber auf die politische Verkaufbarkeit keine Rücksicht nimmt. Ein allgemeines Interesse an der Politik ist da sehr hilfreich, das man aber auch haben kann, ohne sich zu einer politischen Partei zu bekennen oder gar in ihr aktiv mitzuarbeiten.

Wer Stil hat, wird die besten Chancen haben

Der ehemalige Chairman der IBM World Trade Corporation, Jacques Maisonrouge, ist einmal gefragt worden, welche Voraussetzungen ein junger Mann idealerweise mitbringen müßte, um bei IBM Karriere zu machen. Monsieur Maisonrouge, ein Mann mit Begabung für besonders pointierte Formulierungen und ein glänzender Redner, hat darauf geantwortet: »Der ideale Kandidat hat summa cum laude promoviert, war Kapitän der Fußball- oder Rugbymannschaft seiner Schule, geht mindestens zweimal in der Woche ins Theater oder in die Oper und – er hat Erfolg bei Mädchen.«

Zu der Zeit, als Jacques Maisonrouge seinen idealen IBM-Kandidaten in dieser Form beschrieb, war ich ein junger Nachwuchsmanager bei IBM Österreich. Ich war damals für die Personalauswahl zuständig und bemühte mich sehr, auf Hochschulboden für IBM Reklame zu machen. Es war zu dieser Zeit riesig schwer, Jungakademiker für unser Unternehmen zu interessieren. Ich wurde bei den Hochschuldiskussionen auch oft gefragt, wie denn der ideale IBM-Bewerber aussehen würde, und einmal habe ich dabei meinen obersten Chef zitiert. Mehr habe ich nicht gebraucht! Die weiblichen Zuhörer stürzten sich vor allem auf den Nachsatz, der sich auf den Erfolg bei Frauen bezieht, und meinten, daß der ganze Satz sexistisch und Ausdruck größter männlicher Überheblichkeit wäre. Die jungen Herren im Auditorium fanden zwar diese Passage, die Jacques Maisonrouge sicher nicht besonders ernst gemeint hat, amüsant, ließen aber sonst an der Definition des Idealkandidaten kein gutes Haar. Für sie war sie Ausdruck eines Elitebegriffes, der Ende der sechziger Jahre nicht angebracht war und als überholt zu gelten hatte. Da hätte nur noch gefehlt, daß der IBM-Chairman etwas über Elternhaus, Herkunft und Erziehung und deren Einfluß auf die Zukunftsaussichten eines Kandidaten von sich gegeben hätte.

Das war vor zwanzig Jahren. Heute schaut das schon ganz anders aus. Daß eine exzellente Ausbildung, die sich durch ebensolche Zeugnisse dokumentieren läßt, die Chancen beim Start einer Berufskarriere erheblich verbessert, leuchtet heute dem Gros der Studenten ein. Die Zahl der Studenten, die sich noch immer als hartnäckige Gegner des Leistungsprinzips verstehen, ist erheblich kleiner geworden. Daß die Rolle des Anführers der Fußballmannschaft nicht nur auf Sportlichkeit schließen läßt, sondern auch ein brauchbares Indiz für Leadership und Kameradschaftlichkeit zugleich liefert, leuchtet auch vielen ein. Und schließlich handelt es sich dabei um zwei Eigenschaften, die als Managementqualifikation heute besonders hoch im Kurs stehen. Und wer sich keine eindimensionalen Technokraten, sondern mehrdimensionale Managementpersönlichkeiten als Unternehmensführer von heute wünscht, dem können Interesse und Engagement für Kunst und Kultur nicht groß genug sein. Bleibt noch das saloppe Statement über die Chancen beim weiblichen Geschlecht. Das liest sich auch ganz anders, wenn man es dahingehend interpretiert, daß der ideale Manager Selbstbewußtsein, gutes Auftreten und Ausstrahlung haben soll. Die Gültigkeit dieser Kriterien wird heute von niemandem mehr ernstlich bestritten werden können. Jeder Personalberater mit langjähriger Erfahrung in seinem Metier wird es bestätigen können: Während Firmen auf Managersuche in früheren Jahren dem Auftreten oder Aussehen von Kandidaten wenig bewußte Aufmerksamkeit gewidmet haben, kann man heute immer öfter als erste Reaktion des Auftraggebers auf einen präsentierten Kandidaten den Satz hören: »Also, wie ein Executive schaut er nicht gerade aus!« Erfahrene Executive Searcher bereiten den Auftraggeber auf ein solches Defizit des Kandidaten vor und formulieren in ihren Kandidatendossiers dann in etwa so: »Neutraler Ersteindruck, strahlt aber mit zunehmender Dauer des Gesprächs immer mehr Autorität aus.«

Mehr als hundertfünfzig Senior Executives großer amerikanischer Unternehmen wurden kürzlich befragt, welche Eigenschaften sie für den Topmanager der Zukunft für entscheidend halten. 78 Prozent von ihnen reihten Führungsstil und Kultur an die erste Stelle, und 68 Prozent nannten überzeugende Erscheinung und Auftreten als *die* Schlüsselqualifikation. 58 Prozent glauben, daß vor allem der »unternehmerische Typ« des Spitzenmanagers gefragt wäre, und 51 Prozent entschieden sich für gute Kenntnisse der Geschäfte. Stil, Kultur, Aussehen und Auftreten dominieren eindeutig.

Was heißt »überzeugende Erscheinung und gutes Auftreten«? Wird der Wettbewerb um Spitzenpositionen in erster Linie zu einer Schönheitskonkurrenz, in der Telegenität und Eleganz mehr zählen als Initiative, Durchschlagskraft und das Talent, die richtigen Leute an die richtige Stelle zu setzen? Die Antwort ist nein, aber es ist ein Nein mit Einschränkungen. Ein gewinnendes Äußeres ist nämlich alles andere als schädlich. Es verschafft nicht nur im Auswahlprozeß leichte Wettbewerbsvorteile, es ist auch ein nicht zu unterschätzender Vorteil im Job. Sympathie erhöht nun einmal beim Empfänger einer Botschaft die Aufnahmebereitschaft. Wer uns sympathisch ist, dem glauben wir eher als jemandem, der uns nicht sympathisch ist. Und mit jemandem, der uns gefällt, sind wir eher bereit, uns zu identifizieren. In der Politik ist das das Geheimnis von Wahlsiegern. In der Welt des Managements reicht das nicht zum Erfolgsgeheimnis, aber Manager sind auch oft Sender von Botschaften und auf Identifikation angewiesen.

Mir ist keine vergleichende Untersuchung über das Aussehen von Managern einst und jetzt bekannt. Aber es scheint keine Frage zu sein, daß die heutigen Unternehmensführer im Schnitt »besser« aussehen als ihre Kollegen aus der Zeit der fünfziger Jahre. Das hat zunächst einmal damit zu tun, daß die, die heute an den Schalthebeln der Wirtschaft sitzen, im statistischen Mittel jünger sind als frühere Generationen von Entscheidungsträgern. Zum zweiten sind die Manager von heute sportlicher, und sie leben gesundheitsbewußter. Nach einer großangelegten Untersuchung des Institutes der Deutschen Wirtschaft halten 44 Prozent der leitenden Angestellten körperliche Fitneß für ein Qualifikationsmerkmal für eine verantwortungsvolle Position. Und jeder

Arzt kann bestätigen, daß Führungskräfte viel mehr auf ihre Gesundheit und damit auf ihre Linie achten als Nichtführungskräfte. Und daß heute Schulungen über gutes Benehmen speziell für Manager angeboten werden und daß es bereits Berater gibt, die sich darauf spezialisiert haben, Managern in Kleidungs- und Etikettefragen beizustehen, kann auch kein Zufall sein.

Doch jedem, der mit offenen Augen in seinem Manager-Bekanntenkreis umherschaut, werden sofort sogenannte »gutaussehende« Leute auffallen, denen man beim besten Willen keine überzeugende Erscheinung und kein überzeugendes Auftreten nachsagen kann. Weil ihnen Selbstwertgefühl und das Wissen um das eigene Können fehlen. Dieses Manko teilt sich einem Gesprächspartner unmittelbar mit. Selbstbewußtsein ist manchmal angeboren, vielfach aber auch erlernbar, was uns die Absolventen renommierter Business Schools tagtäglich vorexerzieren.

Man stelle sich einmal folgendes Experiment vor: In einer Gruppe von zehn bis zwölf Nachwuchsleuten befinden sich zwei oder drei Business-School-Absolventen. Die jungen Leute unterhalten sich miteinander, ohne zu wissen, daß sie dabei beobachtet werden. Mit an Sicherheit grenzender Wahrscheinlichkeit wird jeder Beobachter mit Erfahrung in Personalauswahl und im Umgang mit MBAs nach spätestens zwanzig Minuten die Business-School-Absolventen dieser Gruppe identifizieren können, ohne daß während der ganzen Zeit der Gruppenkonversation das Wort Business School gefallen wäre. Harvard-, Columbia- oder INSEAD-Absolventen haben etwas an sich, das Abgänger einer Wiener, Dortmunder oder Kopenhagener Universität nicht an sich haben. Auf die Business Schools und ihre Bedeutung für die Zukunft werde ich später zurückkommen. Nur soviel sei an dieser Stelle gesagt: Es kommt sicher nicht von ungefähr, daß die großen internationalen Beratungsfirmen, wenn schon nicht ausschließlich, dann zumindest mit Vorliebe Absolventen renommierter Business Schools rekrutieren. Neben Können im traditionellen Sinn und Ehrgeiz erwarten sie von ihnen vor allem diese Mischung aus Selbstbewußtsein, internationalem Flair und cooler Lässigkeit, die es Beratungskunden leicht machen soll, weltläufige Kompetenz zu erkennen und zu bezahlen.

Der deutsche Publizist und Schriftsteller Sebastian Haffner hat vor fast dreißig Jahren einmal über das Phänomen John F. Kennedy geschrieben und es auf die Kurzformel gebracht, daß ihn die Öffentlichkeit nicht so sehr danach beurteilen würde, ***was*** er tue, sondern ***wie*** er es tue. Gerade Unternehmen mit ausgeprägter Unternehmenskultur sind in der Beurteilung von Managern vor diesem Fehler nicht gefeit. Großunternehmen, die stolz auf ihr System der Früherkennung von Leuten sind, die den Marschallstab im Tornister tragen, bilden sich manchmal ein, die Kompetenz ihrer Nachwuchsstars zu beurteilen, und beurteilen in Wirklichkeit nur deren Stil. Nicht was von ihnen präsentiert wird, beeindruckt, sondern wie es präsentiert wird. Und Form geht dann schnell vor Inhalt.

Unsere Gesellschaft entwickelt sich mit Riesenschritten von einer Produktionsgesellschaft zu einer Marketinggesellschaft. Unsere Mentalität entwickelt sich mit, und aus unserer Produktionsmentalität wird eine Marketingmentalität. Marketing aber braucht Faszination. Erfolgreiche Unternehmen brauchen Faszination, und zwar müssen sie diese nach außen und nach innen ausstrahlen. Diese Faszination kann sich nicht im Stil erschöpfen, aber ohne Stil ist Faszination unvorstellbar. Und Unternehmensstil wiederum ist undenkbar ohne Stil seiner Führungskräfte. Das kann nicht heißen, daß jetzt alle Unternehmen an der Deutschen Bank und deren Chef Alfred Herrhausen Maß nehmen, dessen »Stil« eine deutsche Zeitung einmal so beschrieben hat: »Ein bißchen Harvard, ein bißchen Hollywood, ein bißchen Preußenprinz.« Aber es wird heißen, daß alle Unternehmen – bewußt oder unbewußt – Stil zu einem Selektionskriterium machen werden. Unlängst habe ich bei einem Managementseminar in Schloß Hernstein einen Vortrag gehalten und nach einer langen und intensiven Abenddiskussion mit den Seminarteilnehmern noch ein Glas Wein getrunken. Dabei sprach mich einer der Teilnehmer an und fragte mich, ob ich Mitte Februar von München nach Wien geflogen wäre. Nachdem ich diese Strecke relativ oft fliege, konnte ich mich einige Monate später beim besten Willen nicht mehr an meine Flugpläne vom Februar erinnern. Das habe ich dem Herrn auch gesagt und ihn gleichzeitig gefragt, warum ihn das interessiert. Worauf er antwortete, daß ich ihm aufgefallen sei. Wahrscheinlich war ich dadurch geschmeichelt, jedenfalls habe ich ihn nun gefragt, warum ich ihm aufgefallen sei. Die Antwort war hart: »Weil Sie so einen alten, abgewetzten Aktenkoffer getragen haben!« Offensichtlich ist es höchste Zeit, daß ich mir einen Berater für Bekleidungs- und Etikettefragen engagiere.

Eine Internationalisierung der Wirtschaft ist unmöglich ohne eine Internationalisierung der Manager

Im Wirtschaftsteil der »Frankfurter Allgemeinen Zeitung« finden sich in der Ausgabe vom 22. September 1988 – das ist der Tag, an dem ich dieses Kapitel zu schreiben begonnen habe – sieben Meldungen über internationale Unternehmenszusammenschlüsse, -beteiligungen oder -aufkäufe. Darunter sind Megaprojekte wie der geplante Aufkauf des amerikanischen Landmaschinengiganten Case International Harvester durch Fiat und Miniprojekte wie die letztlich am Veto des französischen Finanzministers gescheiterte Übernahme des berühmtesten Burgunders der Welt, des Romanee-Conti, durch ein japanisches Handelshaus. Von dem Burgunder werden pro Jahr nicht einmal 6 000 Flaschen abgefüllt. Das japanische Unternehmen hatte durch die Übernahme der Renommiermarken Pierre Cardin und Fauchon den französischen Nationalstolz bereits überstrapaziert.

Ich habe mir gar nicht erst die Mühe gemacht, die FAZ-Ausgaben vom 22. September 1978 oder gar 1968 zu studieren, um zu beweisen, daß internationale Firmenübernahmen damals weit weniger oft auf der Tagesordnung gestanden sind. Ein derartiger Tagesvergleich würde auch keine Erkenntnisse liefern, die den Bedingungen statistischer Validität gerecht werden würde. Dazu ist das Vergleichs-Sample zu klein und das Risiko des Zufalls zu groß. Aber wer mit offenen Augen durch die Welt geht, bemerkt auch ohne Untermauerung durch statistisch exakte Zahlen, daß die Wirtschaft immer internationaler wird. Nicht nur als Folge internationaler Firmenübernahmen. Allerdings wird sie es nicht nur in einer Form, wie sie vielfach erwartet und vorausgesagt worden ist. Die Debatte um die Internationalisierung und Globalisierung der

Wirtschaft hat der amerikanische Universitätsprofessor Howard Perlmutter im Jahre 1968 mit einem Artikel in der Zeitschrift »Wharton Quarterly« eröffnet. Die hat in seinem Artikel prophezeit, daß spätestens 1985 zweihundert bis dreihundert Multis die Weltwirtschaft unter sich aufgeteilt haben und kontrollieren würden. Berufene und Unberufene ließen sich von der Perlmutterschen Argumentation überzeugen und begaben sich auf einen »think big-trip«. »Klein« war für einige Zeit out. Im Jahre 1974 befaßte sich die von der UNO ernannte »Group of Eminent Persons« mit dem Thema der Unternehmensgröße und stellte lakonisch fest: »Those with less than a hundred million dollars can be safely ignored.«

Auf philosophisch-ideologischer Ebene hat dieses Denken in Megakategorien eine heftige »Small-is-beautiful«-Gegenbewegung ausgelöst, die auch imstande war, bei vielen Vertretern der Großen einiges Kopfweh auszulösen. Weil sie aber einen grundsätzlich industrieskeptischen Ansatz verfolgte, war sie nicht geeignet, denjenigen, die an die einseitige Entwicklung der Wirtschaft in Richtung Mega-Multis nicht glaubten, eine ideologische Basis für ihre Argumentation zu bieten.

Heute haben wir das Jahr 1985 längst hinter uns, und wir sind in der Lage, die Richtigkeit der Prognosen der sechziger und der siebziger Jahre zu überprüfen. Ganz eindeutig haben sich die Vorhersagen bewahrheitet, die sich auf die zunehmende Internationalisierung und Globalisierung der Wirtschaft bezogen haben. Den wohl schlagendsten, wenn auch höchst unwillkommenen Beweis dafür hat der 19. Oktober 1987 geboten, an dem innerhalb von Stunden die Börsen Nordamerikas, Europas und Japans zusammengebrochen sind.

In demselben Maß, in dem sich die Prophezeiung von der Internationalisierung der Wirtschaft bestätigt hat, ist die Vorhersage von der »Megaisierung« durch die Wirklichkeit widerlegt worden. Es ist etwas eingetreten, was der frühere Chief Executive der Unternehmensberatungsfirma McKinsey, Alonzo L. McDonald, treffend so beschrieben hat: »In der Wirtschaft spielen sich heute zwei entgegengesetzte Entwicklungen ab – die Paarung von Dinosauriern und die Geburt von Krabben.«

Aber uns interessiert an dieser Stelle nicht der Zusammenhang zwischen Unternehmensgröße und Überlebensfähigkeit. Wir wollen uns auf den Trend zur Internationalisierung und seine Bedeutung für das Management konzentrieren. Diesem Trend können sich die »Krabben« genausowenig entziehen wie die »Dinosaurier«. Er beschränkt sich nicht auf Marktgiganten, sondern er bestimmt auch die Zukunft von kleineren Unternehmen. Gerade Firmen, die in Marktnischen operieren oder sich auf solche Marktnischen spezialisiert haben, brauchen die internationale Ausrichtung, weil die Nische am heimischen Markt allein zu wenig Platz zum Atmen bietet.

Der erste Internationalisierungsschritt kam durch den Export. Er war lange Zeit eine europäische Domäne, und zwar deswegen, weil die jeweiligen Märkte in Europa nicht genügend Nachfrage schufen. Expansion war nur durch Export möglich. Nach den Europäern haben die Japaner die Segnungen einer Exportorientierung der Wirtschaft erkannt. Bei ihnen war zwar von der Zahl der potentiellen Konsumenten her gesehen genügend Binnennachfrage vorhanden, aber es gab wenig nationale Kaufkraft. Die Vereinigten Staaten hatten sowohl von der Anzahl als auch von der Kaufkraft her eine ausreichende Binnennachfrage. Daher sind sie auch nie zu einer wirklich großen Exportnation geworden.

Dafür haben die amerikanischen Unternehmen den nächsten Schritt der Internationalisierung, die Etablierung außeramerikanischer Tochtergesellschaften, früher und entschlossener gemacht als europäische und japanische Firmen. Wie entschlossen sie das gemacht haben, hat der französische Publizist Jean Jacques Servan-Schreiber in seinem Bestseller »Die amerikanische Herausforderung« eindringlich beschrieben. Gerade europäische Unternehmen haben diese Intensität und Konsequenz vielfach lange Zeit vermissen lassen. Da galten Auslandsniederlassungen eher als intellektuelle Spielwiese für Vorstandsmitglieder, die dem Duft der großen, weiten Welt nicht widerstehen können, denn als operative Einheiten, mit denen sich Geld verdienen läßt.

Nun stehen wir vor dem dritten Schritt der Internationalisierung der Wirtschaft, oder besser gesagt, wir sind bereits mitten drin. Oberstes Ziel ist nicht mehr der Export und auch nicht die Grün-

dung von Auslandsniederlassungen. Es ist die Übernahme ausländischer Unternehmen oder die Beteiligung an ihnen. Und da sind Amerikaner, Japaner und mit einiger Verzögerung die Europäer gleichermaßen aktiv. Welches Beschleunigungsmoment in diesem Schritt steckt, zeigt eine vergleichende Untersuchung über die Strategieinhalte europäischer Großunternehmen. Im Jahre 1984 haben sich erst 64 Prozent von ihnen in ihren Strategien mit der Frage der Übernahme ausländischer Firmen beschäftigt. Im Jahre 1988 waren es bereits 84 Prozent.
Was bedeutet dieser unaufhaltbare Zug in Richtung Internationalisierung für das Management? Er bedeutet, daß sich die Denk- und Handlungskategorien des Managements um eine Dimension erweitern müssen. Die Globalisierung der Wirtschaft erfordert eine Globalisierung des Denkens und Handelns.
Was heißt das? Es bedeutet die Fähigkeit, die Welt als ***einen*** Markt zu begreifen. Allerdings als einen, auf dem eine Fülle höchst unterschiedlicher Bedingungen und Gesetzmäßigkeiten herrscht. Das hat man lange Zeit nicht wahrhaben wollen, und man hat ursprünglich vielfach gelaubt, diesen ***einen*** Markt auch mit ***einer*** Methode und ***einem*** Konzept erobern zu können. Wenn man sich die Werbekampagnen großer internationaler Markenartikelunternehmen aus den sechziger Jahren anschaut, so fällt der hohe Anteil an weltweit standardisierten und uniformierten Werbebotschaften auf, die keine Rücksicht auf die verschiedenen Mentalitäten einzelner Länder nahmen. Aus einer New Yorker Untersuchung zu dem Thema geht hervor, daß im Jahre 1973 nur bei einem Sechstel aller weltweiten Werbekampagnen nationale und lokale Kultur betont worden ist. Im Jahre 1987 war das schon bei der Hälfte aller Kampagnen der Fall. Globales Denken heißt auch, sich auf nationale und regionale Gegebenheiten einstellen zu können.
Wahrscheinlich denkt nur der Manager wirklich global, der nicht mehr zwischen Inland und Ausland unterscheidet.
Mit der Fähigkeit, in diesen Kategorien zu denken, muß auch die Fähigkeit verbunden sein, in Langfristkategorien zu denken. Internationale Aktivitäten müssen von besonders langer Hand geplant sein und haben oft einen strategischen Zeithorizont. Wenn

Firmen wie Cartier oder L'Oreal mit Großinseraten in sowjetischen Zeitungen den Russen ihre Produkte schmackhaft machen, obwohl keines davon in der Sowjetunion zu haben ist, und wenn Kodak mit großem Aufwand in chinesischen Zeitungen eine Kampagne für Farbfilme inszeniert, obwohl man in der chinesischen Volksrepublik noch eine ganze Weile andere Sorgen haben wird, als kostbare Devisen für amerikanische Farbfilme zu opfern, so sind das wahrhaftig Investitionen in die Zukunft.

Auf eine Facette des Trends zur Internationalisierung der Wirtschaft möchte ich besonders aufmerksam machen. Sie hat damit zu tun, daß dieser Trend gegenwärtig vor allem durch Übernahmen, Aufkäufe und die Beteiligung an Joint ventures geprägt ist. Es ist eines der großen Paradoxa der Wirtschaftsszene von heute, daß gerade zu einem Zeitpunkt, zu dem viele Firmen größte Anstrengungen unternehmen, um sich nach außen und nach innen eine unverwechselbare Identität zu geben und eine dementsprechende Unternehmenskultur zu schaffen, Unternehmensaufkäufe auf nationaler und internationaler Basis das Gebot der Stunde sind. Für das Management ergibt sich daraus die Notwendigkeit, nicht nur mit unterschiedlichen Landeskulturen, sondern zusätzlich mit unterschiedlichen Unternehmenskulturen umgehen zu können. Wenn heute ein Unternehmen die Übernahme eines anderen Unternehmens überlegt, dann prüft es dabei die finanzielle Lage dieses Unternehmens, ob dessen Produktpalette zur eigenen paßt und welchen Qualifikationsstandard die Manager und Fachkräfte haben. In Zukunft wird bei solchen Prüfverfahren auch untersucht werden müssen, wieweit die Firmenkultur des Übernahmekandidaten mit der eigenen kompatibel ist.

Was kann die Fähigkeit der Manager, in globalen Kategorien zu denken, fördern? Der größte deutsche Philosoph, Immanuel Kant, hat die Stadtmauern seines Geburtsortes Königsberg so gut wie nie von außen gesehen. Daß es kaum einen Tag in seinem Leben gegeben hat, an dem er die Königsberger Kirchturmspitze nicht gesehen hätte, hat ihn dennoch nicht daran gehindert, zu einem der größten und weiträumigsten Denker der Aufklärung zu werden. Aber man muß schon Kantsche Geistesgaben haben, um die eigene Immobilität derart kompensieren zu können. Der Normal-

fall ist das nicht. Auch nicht der des Managers. Da gehen räumliche und geistige Mobilität meist Hand in Hand. Eine Internationalisierung der Wirtschaft ist ohne eine Internationalisierung des Managements nicht möglich.
Auslandserfahrung ist dafür das Schlüsselwort. Und damit ist es noch lange nicht zum besten bestellt. Die Basler Prognos AG hat vor einiger Zeit eine Untersuchung bei deutschen Unternehmen über deren beruflichen Weiterbildungsmaßnahmen im Ausland durchgeführt. Dabei haben 65 Prozent der befragten Unternehmen Maßnahmen für die berufliche Weiterbildung ihrer Mitarbeiter im Ausland für wichtig und sinnvoll gehalten. Allerdings haben nur 15 Prozent dieser Unternehmen auch entsprechende Programme installiert. Aber nicht nur bei den Unternehmen klaffen Anspruch und Wirklichkeit auseinander. Auch die europäischen Manager selbst müssen in Sachen Mobilität noch einiges dazulernen. Im Jahre 1986 hat die EG-Kommission in Brüssel 45 Stipendien für die Teilnahme an einem achtzehnmonatigen Executive Training Program in Japan deutschen Managern zugedacht. Aber für diese 45 Plätze hat es gerade 12 Bewerbungen aus der ganzen Bundesrepublik gegeben!
Trotz allem: Im Jahre 2000 wird kein Manager mehr in Vorstände und Geschäftsführungen von international operierenden Firmen berufen werden, der nicht über eine mehrjährige internationale Erfahrung verfügt. Auslandserfahrung ist diejenige Qualifikation, die in den letzten zehn Jahren die größte Zuwachsrate in den Anforderungsprofilen für Manager zu verzeichnen hatte. Ein Phänomen ist in diesem Zusammenhang allerdings bemerkenswert: Wenn Kandidaten, die von außerhalb des Unternehmens kommen, über Auslandserfahrung verfügen, so stellt das in der Regel einen klaren Wettbewerbsvorteil gegenüber solchen Kandidaten dar, die das Ausland nur von Dienstreisen kennen. Bei Kandidaten für Spitzenpositionen, die aus dem Unternehmen selbst kommen, ist dieser Wettbewerbsvorteil nicht so eindeutig. Das hat zwei Gründe. Zum einen werden manchmal nicht die Besten und Tüchtigsten für Auslandsabordnungen in Erwägung gezogen, sondern die, die man zu Hause durchaus entbehren kann. Und zum zweiten erscheint oft plötzlich der, den man ursprünglich für unge-

mein tüchtig und unersetzbar gehalten hat, über eine Entfernung von mehreren tausend Kilometern als gar nicht mehr so großartig wie jemand, der es verstanden hat, permanenten Blickkontakt zur Unternehmensspitze zu halten. Die Globalität des Denkens eines Aufsichtsrates oder Vorstandes endet dann manchmal allzuschnell beim Stockwerk unterhalb der Vorstandsetage. Unternehmen sollten Karriereregeln verbindlich machen, die für die Erreichung bestimmter Positionen vorherigen Auslandsaufenthalt vorschreiben.

Der Computerkonzern Olivetti hat im Jahr 1988 mit einer Rekrutierungskampagne für Nachwuchsführungskräfte begonnen, die der Notwendigkeit der Internationalisierung des Managements Rechnung trägt. Im Rahmen dieser Kampagne, die unter dem Namen »No Frontier-Program« läuft, sind aus 3 500 Bewerbern 140 junge Akademiker bis zum Höchstalter von 27 Jahren direkt von der Olivetti-Zentrale in Ivrea ausgesucht worden. Sie kommen aus 19 Nationen. Es zählt zu den Besonderheiten dieses »Programms ohne Grenzen«, daß für die jungen Leute während der zweieinhalbjährigen Ausbildungszeit ein Auslandstraining von 96 Wochen zwingend vorgeschrieben ist. Olivetti hat für diese 140 Mitarbeiter 25 Millionen Dollar bereitgestellt.

Ich habe die Anforderungsprofile für Senior-Manager und Executives, mit deren Suche unser Unternehmen während der letzten beiden Jahre beauftragt gewesen ist, auf die Häufigkeit der Forderung nach internationaler Erfahrung untersucht. Als Muß-Bedingung ist sie noch recht selten anzutreffen. Der Prozentsatz liegt da unter zehn. Als wünschenswerte Eigenschaft ist internationale Erfahrung von einem weiteren Drittel der Auftraggeber genannt worden. Das ist insgesamt nicht überraschend. Überraschend ist aber ein weiteres Ergebnis dieser Untersuchung. Ich habe versucht festzustellen, wie weit die Frage, ob der Auftraggeber selbst internationale Erfahrung hat oder nicht einen Einfluß auf die Häufigkeit des Wunsches nach einem Kandidaten mit internationalem Background hat. Wie man sich vorstellen kann, war die lückenlose Erfassung des Berufsweges der Auftraggeber nicht immer leicht festzustellen, und eine gewisse Fehlerquote muß man in Rechnung stellen. Aber diese Fehlerquote war sicher um einiges

geringer, als das Ergebnis eindeutig war: Auftraggeber, die selbst Auslandserfahrung hatten, haben diese Qualifikation mehr als doppelt so oft im Anforderungsprofil für die zu suchenden Kandidaten verankert als ihre Kollegen ohne diese Erfahrung.
Kurzsichtige werden aus diesem Ergebnis den Schluß ziehen, daß es für die Notwendigkeit der Auslandserfahrung offensichtlich keine objektiven Kriterien gibt. Und sie damit überhaupt in Frage stellen. Hellsichtige können aus diesem Ergebnis nur einen Schluß ziehen: Daß man sich ausrechnen kann, wie lange es dauern wird, bis für jede Executive- oder Senior-Management-Position Auslandserfahrung gefordert wird.

Der europäische Managementstil hat seine Zukunft noch vor sich

Vor einigen Monaten habe ich im Fernsehen einen Bericht über Amerikas berühmtestes Pferderennen, das Kentucky Derby, gesehen. Der Sportreporter stellte vor dem Start des Rennens die einzelnen Pferde und ihre Jockeys vor. Außenseiter und Favoriten wurden mit ihren Stärken und Schwächen beschrieben. Endlich war es soweit, und die Pferde begannen sich in die Startboxen einzuordnen. Das ging sichtlich ohne große Komplikationen vonstatten, was den Reporter veranlaßte, auf die Unterschiede zwischen amerikanischen und europäischen Pferderennen hinzuweisen. Ein Unterschied würde darin liegen, daß amerikanische Rennpferde sich stets problemlos in die Startboxen einordnen ließen, während europäische Pferde in der Regel Schwierigkeiten machten und dafür viel Geduld, gutes Zureden und mehrere Anläufe benötigten. Der Reporter hat sicher nicht im Traum daran gedacht, daß er mit der Beschreibung dieses Unterschiedes zwischen amerikanischen und europäischen Pferden auch einen wesentlichen Stilunterschied zwischen amerikanischen und europäischen Managern angesprochen hat. Auf dieses »Kentucky-Derby-Syndrom« der amerikanischen Manager werde ich später noch zurückkommen.

Würde man in Europa eine Umfrage darüber machen, ob es einen typisch amerikanischen Managementstil gibt, so wäre die Antwort ein deutliches »Ja«. Und auf die Zusatzfrage über die Hauptmerkmale dieses Managementstils würden wahrscheinlich die häufigsten Nennungen auf folgende Charakteristika fallen: »Hire and fire«, kurzfristiges Gewinndenken, starke Marketingorientierung, mitbestimmungsfeindlich und geringe Rücksichtnahme auf

nichtamerikanische soziale Strukturen. Wenn der Chef von MESA-Petroleum, G. Boone Pickens, sagt, ihn amüsiere die Vorstellung, daß es einem Arbitrageur, der eine Stunde vorher ein Aktienpaket erworben hat, nicht gestattet sein soll, über das Schicksal von vierzigtausend Beschäftigten zu entscheiden, und wenn Jack Tramiel, der Gründer der Computer-Firma Commodore, eine Fabrik in Irland mit nur fünfunddreißigminütiger Vorwarnzeit für Management und Mitarbeiter schließt, so ist man leicht geneigt zu sagen: typisch amerikanisch.
Würde man eine ähnliche Umfrage zum Thema »europäischer Managementstil« machen, wären die Antworten weit weniger eindeutig. Zunächst würde ein Gutteil der Befragten die Frage, ob es einen typischen europäischen Managementstil gibt, nur sehr zögernd bejahen. Einen deutschen Managementstil kann man sich vorstellen und auch einen französischen. Aber einen europäischen? Was soll denn ein Manager aus Oslo gemeinsam haben mit einem Manager aus Palermo und was einer aus Salzburg mit einem aus Le Havre? Und von denen, die das Vorhandensein eines europäischen Managementstils bejahen, werden wahrscheinlich viele größte Schwierigkeiten haben, dafür typische Merkmale zu nennen.
Stellen wir zunächst die Frage nach den tatsächlichen Ingredienzien des amerikanischen Managementstils. Dabei soll in erster Linie beschrieben und nicht gewertet werden. Dieser Stil wird sicher durch die Unternehmenszielsetzung geprägt, die die Amerikaner für die weitaus wichtigste halten, den Gewinn. Die Erzielung von möglichst hohem Gewinn beherrscht nicht nur das Denken und Handeln amerikanischer Führungskräfte, es beherrscht auch ihr Reden in dem Sinn, daß ein amerikanischer Manager nicht die geringste Scheu hat, über dieses Ziel offen zu sprechen. Damit in Zusammenhang steht, daß der amerikanische Manager kaum Selbstzweifel kennt, daß er von seinem Tun völlig überzeugt ist. Nichtamerikanisches wird nach amerikanischen Maßstäben gemessen, und auch die nichtamerikanische Welt wird nach amerikanischer Fasson gemanagt.
Ein weiteres Charakteristikum amerikanischen Managementstils ist der starke Wille, Managementvorrechte in Anspruch zu neh-

men und zu verteidigen. Nicht im Sinne von »privileges«, sondern im Sinne von »prerogatives«. Vor einiger Zeit hat ein großes internationales Meinungsforschungsinstitut englische und amerikanische Manager über ihre Bereitschaft interviewt, eine »Vergewerkschaftung« ihrer Betriebe zu verhindern. Das Ergebnis dieser Umfrage kommt nicht überraschend. Amerikanische Manager setzen sich viel stärker zur Wehr als die Briten, wenn es darum geht, den Gewerkschaften Paroli zu bieten, und sie sind auch wesentlich erfolgreicher dabei.

Der amerikanische Managementstil zeichnet sich auch durch die Neigung aus, für alle Vorgänge im Unternehmen Regeln aufzustellen und dafür zu sorgen, daß gleiche Dinge in gleicher Form erledigt und gleiche Probleme auf die gleiche Weise gelöst werden. In dieser Neigung ist auch die Wurzel für das Streben nach Corporate Identity zu sehen, das nicht von ungefähr zuerst ein amerikanisches Managementanliegen gewesen ist.

Schließlich muß man als spezielles Merkmal die besondere Konsequenz nennen, mit der amerikanische Unternehmen und ihre Manager einmal getroffene Entscheidungen durchziehen. Wenn die Unternehmensspitze einmal eine Entscheidung gefällt hat, dann ist der ganze Managementapparat darauf eingeschworen, die Entscheidung zu einem Erfolg werden zu lassen. Mentalreservationen von nachgeordneten Stellen oder gar der Versuch, Entscheidungen zu torpedieren, sind so gut wie ausgeschlossen. Das führt uns zur Frage speziell amerikanischer Persönlichkeitseigenschaften, die Auslöser für diese Stilelemente und Verstärker zugleich sind.

Amerikaner haben einen besonders starken Glauben an die Machbarkeit der Dinge und daran, daß es für jedes Problem eine Lösung gibt, wenn man sich nur genügend anstrengt. Amerikaner sind Positivdenker und verwenden ihre ganze Intelligenz darauf, zu beweisen, daß eine Sache geht. Wenig Energie und Intelligenz wird auf den Nachweis verschwendet, daß etwas nicht gehen kann. Zu den typischen Persönlichkeitseigenschaften des amerikanischen Managers kann man auch das »Kentucky-Derby-Syndrom« zählen: die Bereitschaft, sich in Reih' und Glied einzuordnen und einer Sache unterzuordnen, ohne durch Herumtän-

zeln und durch den inneren Zwang, abweichende Meinungen haben zu müssen, auffallen zu wollen. Amerikanische Manager halten sich an die ihnen vorgegebenen Spielregeln und anerkennen die Autorität des Chefs.
Ist »hire and fire« ein Kennzeichen amerikanischen Managementstils? Wenn man die diesbezüglichen arbeitsrechtlichen Bestimmungen als Ausdruck für die vorherrschende Geisteshaltung nimmt, dann muß man die Frage mit »Ja« beantworten. »Feuern« ist kaum irgendwo so leicht wie in den USA. Und viele Firmen handeln auch danach. Man sollte aber nicht übersehen, daß eine Reihe gerade der großen amerikanischen Unternehmen, die in Europa erst die Vorstellungen von dem typisch amerikanischen Managementstil haben entstehen lassen, in der Frage der Beschäftigungssicherheit ein Ausmaß an Sensibilität an den Tag legen, das den Normen auch der arbeitsplatzsicherndsten europäischen Gesetzgebung mehr als gerecht wird.
Der amerikanische Managementstil ist im wesentlichen Resultat der amerikanischen Mentalität. Gibt es eine europäische Mentalität?
Ich habe knapp drei Jahre in der europäischen Zentrale der IBM in Paris gearbeitet. Ich bin dort im Rahmen der Personalfunktion für die europäische Personalplanung zuständig gewesen. Personalplanung und Personalsteuerung ist bei IBM undenkbar ohne ein aufwendiges Berichtswesen. Der Wert der einzelnen Berichte, die von der Zentrale verlangt wurden, war in den einzelnen Landesgesellschaften recht umstritten, und ihre Daseinsberechtigung wurde mit ziemlicher Regelmäßigkeit in Frage gestellt. Dabei war für mich hochinteressant zu beobachten, in welch unterschiedlicher Form die einzelnen Länder ihr Mißfallen über diese Berichte zum Ausdruck gebracht haben.
Da waren einmal die Franzosen. Ihre Form des Tadels bestand darin, prinzipiell jeden Fälligkeitstermin für die Berichte verstreichen zu lassen, ohne auch nur einen Laut von sich zu geben. Das ist sicher nicht in der Hoffnung geschehen, daß man in der Zentrale auf den Bericht vergessen würde. Es war auch in der IBM Frankreich wohl bekannt, daß man im IBM-Hauptquartier nicht so schnell etwas vergißt. Es war einfach die speziell französische

Form, zu zeigen, daß man etwas für unnötig und nutzlos hält. Nach Urgenz sind die Berichte dann auch immer geliefert worden.

Ganz anders die Engländer. Sie haben die Berichte meist fristgerecht eingeschickt, aber entweder in modifizierter Form oder zumindest mit einem detaillierten Begleitbrief. Darin wurde in einer unnachahmlichen Mischung von Arroganz und Understatement zugleich der Nachweis zu erbringen versucht, daß der Bericht in der von der Zentrale geforderten Form den Konzernbedürfnissen nicht in optimaler Weise gerecht werden könne. Man empfahl höflich, für ganz Europa die vom Vereinigten Königreich vorgeschlagene Berichtsform zu verwenden.

Die Deutschen hatten sich ein anderes Ritual einfallen lassen. Sie protestierten prinzipiell lautstark gegen jeden neuen Bericht. Nachdem dieser Protest ebenso prinzipiell erfolglos blieb, bearbeiteten sie den Bericht akkurat und schickten ihn termingerecht ein.

Die Cleversten von allen waren für mich die Italiener. Weder protestierten sie, noch unterzogen sie sich der Mühe, sich über Modifikationen den Kopf zu zerbrechen. Auf Terminversäumnisse ließen sie sich auch nicht ein. Sie stellten die Berichte ohne viel Aufhebens fertig, aber in einer denkbar zeitsparenden Art und Weise. Sie erhoben das für den Bericht notwendige Zahlenmaterial nicht mit dem dafür nötigen Aufwand, sondern sie »komponierten« die Zahlen einfach, wobei sie lediglich aufpaßten, daß die jeweiligen Endziffern der Zahlenkolonnen in sich stimmig waren. Von dieser Erfahrung her habe ich die Überzeugung, daß man sich von allen europäischen Ländern um Italien die wenigsten Sorgen zu machen braucht.

Es ist völlig unvorstellbar, daß man aus Seattle, Atlanta, Chicago und Los Angeles derart unterschiedliche Reaktionen bekommen würde wie aus Paris, London, Stuttgart und Mailand. Im »Europa der Vaterländer« (de Gaulle) gibt es so viele unterschiedliche Mentalitäten, wie es Vaterländer gibt. Um das zu bemerken, muß man gar nicht in der Europazentrale eines Großkonzerns gearbeitet haben.

Bedeutet das das Aus für einen europäischen Managementstil?

Oder gibt es doch Gemeinsamkeiten, die uns mit Recht von einem solchen Stil sprechen lassen?
Ich gehöre zu denen, die heute einen europäischen Managementstil nur sehr schemenhaft ausnehmen können. Nicht so sehr wegen der unterschiedlichen Mentalitäten, sondern weil das europäische Selbstbewußtsein noch nicht genügend entwickelt ist. Und nur Selbstbewußtsein und Selbstverständnis können stilprägend sein.
Vor mehr als zwanzig Jahren hat Jean Jacques Servan-Schreiber das erste Kapitel seines Bestsellers »Die amerikanische Herausforderung« mit folgenden Sätzen begonnen: »Es könnte sehr gut sein, daß in fünfzehn Jahren die dritte industrielle Weltmacht, nach den USA und der UdSSR, nicht Europa, sondern die amerikanische Industrie in Europa ist. Heute schon, im zehnten Jahr der EWG, liegt die Organisation des Europäischen Marktes weitgehend in amerikanischer Hand.« Nach Jean Jacques Servan-Schreiber war der Europäer vor zwanzig Jahren auf dem besten Weg, ein Unteramerikaner zu werden.
Seitdem diese Sätze geschrieben worden sind, ist viel geschehen in Europa, und ein europäisches Selbstbewußtsein ist zum Greifen nahe. Amerikanische Unternehmen spielen auch weiterhin eine große Rolle, aber die europäische Industrie hat ihre Underdog-Position verlassen. Die chemische Industrie, der Maschinenbau und die Automobilindustrie konnten ihre Weltgeltung nicht nur halten, sondern erhöhen, und die europäische High-Tech-Industrie ist konkurrenzfähiger als vor zwanzig Jahren. Die größte Faszination geht weltweit noch immer von Luxusartikeln europäischer Herkunft aus. Das fällt zwar umsatz- und zahlungsbilanzmäßig nicht besonders ins Gewicht, hat aber in einer Zeit, in der die Welt immer kulinarischer und hedonistischer wird, eine enorme psychologische Wirkung. In den Jahren 1979 bis 1983 haben sich die europäischen Investitionen in den Vereinigten Staaten fast verdoppelt, während im gleichen Zeitraum die US-Investitionen in Europa nur um 25 Prozent gewachsen sind. Und schließlich hat Europa ein Monopol in der High-Touch-Wachstumsbranche Nummer eins: der Kultur.
Sichtbarer und sinnfälliger Ausdruck des im Werden begriffenen

wirtschaftlichen Selbstbewußtseins Europas wird die Schaffung des europäischen Binnenmarktes sein. Genau fünfhundert Jahre nach der Entdeckung Amerikas durch einen Europäer sind die Europäer dabei, sich selbst zu entdecken. 1992 mag für Europa das werden, was 1492 für Amerika geworden ist.
Dieses Selbstbewußtsein wird die Grundlage eines europäischen Managementstils werden. Drei europäische Gemeinsamkeiten werden dabei Pate stehen, die gleichzeitig die Charakteristika dieses Stils ausmachen: Internationalität, Individualität und Konfliktlösungsfähigkeit.
Zunächst zur Internationalität. Es gehört zu den großen paradoxen Phänomenen der Gegenwart, daß der Trend zur Internationalisierung gerade in dem Augenblick voll einsetzt, in dem ein Trend zur Betonung nationaler und regionaler Eigenständigkeit unübersehbar ist. Das Verlangen nach nationaler und regionaler Identität ist dabei, sich zu einem »Megatrend« zu entwickeln. Europäer wissen und fühlen, daß das Wesen Europas nicht in einer Gleichheit, sondern in einer Verschiedenheit seiner Nationen, Kulturen und Gewohnheiten liegt. Lange Zeit war es einzig und allein in Europa üblich, neben der Muttersprache eine andere Sprache zu erlernen, und die Zwei- oder Mehrsprachigkeit ist eine europäische Erfindung. Aus dieser Tradition heraus sind die europäischen Manager am ehesten in der Lage, in internationalen Beziehungen nationale Traditionen und Gewohnheiten zu verstehen und zu respektieren und sie nicht ins Prokrustesbett der eigenen Gewohnheiten zu pressen. Diese Eigenschaft wird den europäischen Manager befähigen, mit unterschiedlichen Unternehmenskulturen umzugehen, mit verschiedenen sozialen Systemen zu leben und die unterschiedlichen Formen des Interessenausgleichs zwischen Arbeitgebern und Arbeitnehmern zu akzeptieren. Nur auf dieser Basis kann sich eine Form der Internationalität entwickeln, die mit einer vollen nationalen und regionalen Akzeptanz rechnen kann.
Sowohl zum Charakter des amerikanischen als auch des japanischen Managementstils gehört eine starke Mitarbeiterorientierung. Es kommt nicht von ungefähr, daß die Amerikaner die ersten waren, die sich systematisch und methodisch mit Mitarbei-

termotivation beschäftigt haben. Und die Japaner haben den Wert der Einbindung von Mitarbeitern in Unternehmensentscheidungen als erste erkannt und das Konsensprinzip in den Unternehmensführungen hoffähig gemacht. Allerdings hatte in der japanischen Tradition Individualismus nie einen hohen Stellenwert. In der amerikanischen schon. Eigenartigerweise ist die Mitarbeiterorientierung des amerikanischen Managers nie auf den einzelnen Mitarbeiter und die Ausformung seiner individuellen Persönlichkeit abgestellt. Mitarbeitermotivation läuft in der Regel nach einem bestimmten Programm ab, und amerikanische Manager werden rasch hilflos, wenn Mitarbeiter auf genormte Programme nicht wie vorgesehen reagieren. Motivation wird mittels Checkliste betrieben, die der Manager durchgeht wie ein Flugkapitän die seine vor dem Start des Flugzeugs.

Dem europäischen Manager fällt die Anerkennung der Individualität leichter. Das wachsende Selbstbewußtsein der Mitarbeiter bringt nicht nur eine wachsende Betonung dieser Individualität mit sich, sondern fordert gleichzeitig eine stärkere Rücksichtnahme auf die Verschiedenartigkeit der Persönlichkeiten. Die Fähigkeit, individuelle Persönlichkeiten wirklich individuell zu behandeln, könnte zu einem Markenzeichen des europäischen Managers werden.

Schließlich hat es in Europa nie eine scharfe Trennung zwischen Wirtschaft einerseits und Staat und Gesellschaft andererseits gegeben. Diese unscharfe Abgrenzung hat ihre Schatten-, aber auch ihre Lichtseiten. Auf der Schattenseite steht das Faktum, daß es immer einen hohen Grad staatlicher Einmischung in die Wirtschaft gegeben hat. Zur Lichtseite zählt das vergleichsweise hohe politische Verständnis des europäischen Managers. Trotz der unzweifelhaft richtigen Privatisierungsbewegungen wird die Zukunft eine noch stärkere Verflechtung von Wirtschaft und Gesellschaft bringen, wobei nach einer Beobachtung von Ulrich Bock die »Nichtpolitik« dabei ist, die Führungsrolle der Politik zu übernehmen. Jedenfalls wird dabei dem europäischen Manager seine Fähigkeit, in politischen Kategorien zu denken, sehr zugute kommen.

Die Gewerkschaften werden ihre Ziele ändern

Manche Manager registrieren es mit offen gezeigter Genugtuung, manche mit verhaltener. Aber unglücklich ist keiner darüber, daß die Zahl der Gewerkschaftsmitglieder in allen Ländern der freien industrialisierten Welt kontinuierlich abnimmt. Nicht überall mit der gleichen Geschwindigkeit, aber überall so deutlich, daß sich die Gewerkschaftsführer offen oder hinter vorgehaltener Hand darüber Sorgen machen. Als Faustregel für dieses Tempo kann gelten: Je rabiater die Gewerkschaft, um so rapider der Mitgliederschwund. Davon können die englischen Gewerkschaften mit ihrer ausgeprägt antimarktwirtschaftlichen und managementfeindlichen Tradition ein besonders lautes Lied singen. Über die letzten vier Jahre haben sie fast 20 Prozent ihrer Mitglieder verloren.
Wird sich dieser Trend fortsetzen, und wenn ja, was wird dann aus den Gewerkschaften? Sind die Gewerkschaften bereits am Ende, wie es einige Autoren prophezeit haben, oder handelt es sich nur um eine vorübergehende Krise? Werden Gewerkschaften in der Zukunft nur mehr Gegenwind haben, oder wird ihnen auch wieder einmal der Wind in den Rücken blasen?
Im Moment kommen die Probleme gleich von mehreren Seiten auf die Gewerkschaften zu. Da muß man zunächst einmal den vielzitierten Strukturwandel nennen, der dafür sorgt, daß das traditionelle und natürliche Mitgliederreservoir der Gewerkschaften gleichsam täglich kleiner wird. Auch wenn die Fabrik der Zukunft nicht so menschenleer sein wird, wie es manche vorhersagen, so ist nicht zu übersehen, daß die Zahl der klassischen Industriearbeiter über die letzten fünfzehn Jahre stetig geringer geworden ist und bis zum Jahr 2000 um weitere 30 bis 40 Prozent schrump-

fen wird. Es ist ein irreversibler Prozeß: Der Typus von Arbeitnehmer, für den die Gewerkschaften ursprünglich gegründet worden sind, nimmt an Zahl und Bedeutung ab. Selbst wenn es den Gewerkschaften gelänge, unter den Industriearbeitern eine hundertprozentige Organisationsdichte zu erreichen, könnten die durch den Strukturwandel eintretenden Verluste in diesem Bereich nicht wettgemacht werden.
Als weiteres Problem kommt für die Gewerkschaften dazu, daß gerade die Riesen unter den Industrieunternehmen immer stärker dazu übergehen, den Anteil an eigener Fertigung am Endprodukt zugunsten zugekaufter Fremdfertigung zu verringern. So ist in der deutschen Automobilindustrie der Anteil der Eigenfertigung in den letzten fünf Jahren von über 40 Prozent auf knapp 30 Prozent gesunken. Eine solche Verlagerung bedeutet in der Regel eine Verlagerung der Fertigung von einem großen zu einem kleineren Unternehmen und damit von einem Unternehmen mit hoher zu einem Unternehmen mit niedriger gewerkschaftlicher Organisationsdichte.
Zum Problem des Strukturwandels kommt das Problem der Gewerkschaften mit dem Zeitgeist. Gewerkschaften sind Kollektive, und – noch schlimmer – sie haben das Image von Kollektiven. Wenn der Bürger etwas von Gewerkschaften hört, dann hört er etwas von Gewerkschaftskongressen. Und wenn er auf dem Bildschirm Gewerkschaftler sieht, dann sieht er sie in Gruppen, oft auch noch Transparente schwingend. In einer Zeit, in der Individualismus »in« ist wie nie zuvor, sind Massenorganisationen »out« wie nie zuvor. Das bekommen neben den Gewerkschaften ja auch die politischen Parteien zu spüren. Von der Notwendigkeit einer Deregulierung im öffentlichen Bereich wird geredet. Im privaten, persönlichen Bereich findet sie statt. Man möchte nur solche Verpflichtungen eingehen, die sich beim besten Willen nicht vermeiden lassen. Eine Bindung an eine nicht sehr attraktive Massenorganisation, offiziell dokumentiert durch ein Mitgliedsbuch, paßt da vielen nicht ins Konzept.
Das dritte Problem der Gewerkschaften liegt bei den Unternehmen und ihren Managern. Immer mehr Firmen werden immer mitarbeiterorientierter. Mit dem Begriff »Unternehmenskultur«

wird zwar nach wie vor viel Schindluder getrieben, es steht aber fest, daß die Zahl der Unternehmen größer wird, die die Aussage, daß die Mitarbeiter das wertvollste Kapital eines Unternehmens darstellen, ernst meinen und nicht nur als Floskel bei Sonntagsreden mißbrauchen. Als Folge dieser Einstellung verbessert sich zwangsläufig die interne Kommunikation, und es entsteht ein Klima, in dem sich Mitarbeiterwünsche artikulieren können. Motivationsfähigkeit wird in solchen Unternehmen zu einem Selektionskriterium für das Management. Wo aber Mitarbeiter ihre Interessen beim Management gut aufgehoben sehen, dort schwindet das Bedürfnis nach einer außerbetrieblichen Interessenvertretung. Das ist auch eine der Ursachen dafür, daß bei vielen Gewerkschaften des öffentlichen Dienstes im Gegensatz zum allgemeinen Trend die Mitgliedszahlen nach wie vor steigen. Der Staat oder die Kommune sorgt sich in der Eigenschaft als Arbeitgeber keinen Deut um Unternehmenskultur und macht nicht die geringste Anstrengung, daß sich die Mitarbeiter mit ihrem Arbeitgeber identifizieren können. Wenn es eines Beweises bedarf, daß Politiker schlechte Manager sind, dann ist es unter anderem der, daß sie das Feld der Mitarbeitermotivation völlig den Gewerkschaften überlassen und nichts tun, um den Zulauf zu den Gewerkschaften zu stoppen. Obwohl das dort besonders notwendig wäre, weil im öffentlichen Dienst das natürliche Regulativ für überzogene Gewerkschaftsforderungen, die Angst vor Verlust des Arbeitsplatzes durch Konkurs der Firma, fehlt.

Gewerkschaften haben ihrer Wirkung in der Öffentlichkeit in der Vergangenheit sicher nicht genügend Aufmerksamkeit geschenkt. Die meisten Gewerkschaftsführer hängen einer Überzeugung an, die sie mit vielen Politikern, vorzugsweise aus dem bürgerlichen Lager, teilen: der Überzeugung, daß sich die richtigen Ideen von selbst durchsetzen. Eine der Folgen davon ist, daß Gewerkschaften ihre Spitzenrepräsentanten ausschließlich nach dem Prinzip der inneren Stimmigkeit ausgewählt haben. Oberstes Gebot war, daß der Großfunktionär in erster Linie dem Kleinfunktionär zu gefallen hatte. Äußere Stimmigkeit in dem Sinn, daß Spitzenrepräsentanten auch Nichtmitglieder affektiv und intellektuell ansprechen müssen, war kein Selektionskriterium.

Schließlich kommt als Krisenursache dazu, daß die Gewerkschaften bis heute nicht imstande gewesen sind, ihr Produktangebot so zu erweitern, daß die Mitglieder der Informations- und Dienstleistungsgesellschaft davon Gebrauch machen wollen. Gewerkschafter sind – manchmal mit Recht – schnell mit dem Vorwurf bei der Hand, daß Arbeitsplätze vor allem deshalb verlorengehen, weil ein unfähiges Management zu lange an einem obsoleten Produkt festgehalten hat. Das Defizit an Produktinnovation in eigener Sache ist bei den Gewerkschaften aber so groß, daß man sich fragen muß, ob Gewerkschaft und Innovation einander ausschließende Begriffe sind.
Es hat einmal einen Versuch gegeben, einen weißen Fleck auf der Gewerkschaftslandkarte auszulöschen. Der weiße Fleck hieß »multinationale Unternehmen«. Den Startschuß dafür hat ein Gewerkschaftskongreß im Jahre 1967 gegeben, auf dem der Generalsekretär der Internationalen Chemiearbeitergewerkschaft, Charles Levinson, gefordert hatte, daß »Kollektivvertragsverhandlungen auf internationaler Ebene das oberste strategische Gewerkschaftsziel« werden müßten. Dieser Versuch, eine international koordinierte Gewerkschaftsstrategie auf die Beine zu stellen, der in den siebziger Jahren noch am Leben erhalten worden ist, muß Ende der achtziger Jahre als gescheitert betrachtet werden. Gescheitert ist er unter anderem am Widerstand des Managements, der aber nur deshalb erfolgreich sein konnte, weil eine mitarbeiterorientierte Personalpolitik dieser Unternehmen den Gewerkschaften den Boden für eine breite Unterstützung aus Mitarbeiterkreisen entzogen hatte.
In der Zwischenzeit haben auch die meisten Gewerkschaften ihren Frieden mit den Multis geschlossen.
Jedenfalls ist es auffallend still geworden um diverse internationale Gewerkschaftsaktivitäten. Offensichtlich haben sich die Gewerkschaften entschlossen, ihre wichtigsten Anliegen wieder auf lokaler oder nationaler Ebene durchzusetzen. Ihre internationalen Aktivitäten spielen sich derzeit vor allem an Nebenfronten ab. Dazu zählen unter anderem verschiedene Solidaritätsaktionen mit Gewerkschaften aus nichtdemokratischen Staaten. Auch die höchst bemerkenswerte Initiative der IG Metall, deutsche Auto-

mobilfirmen in Südafrika auf einen Antiapartheidskurs einzuschwören, gehört dazu.
Warum ist es den Gewerkschaften nicht gelungen, unter den Arbeitnehmern der Dienstleistungs- und Informationsgesellschaft in einem signifikanten Ausmaß Zustimmung und Zuspruch zu finden? Die Angehörigen dieser Gesellschaft lassen sich durch folgende Merkmale charakterisieren: Sie sind individualistisch, sie verfügen über ein vergleichsweise hohes Bildungs- und Ausbildungsniveau, sie begreifen ökonomische Zusammenhänge und Gesetzmäßigkeiten, und sie sind im wesentlichen leistungsorientiert. Gewerkschaften segeln bis jetzt auf einem antiindividualistischen Kurs, sie neigen dazu, gegen ökonomische Gesetzmäßigkeiten zu argumentieren, und machen den Eindruck, nicht nur Anwälte der »Mühseligen und Beladenen« zu sein, sondern vor allem jener Leute, die sich besonders durch eine »freizeitorientierte Schonhaltung« (L. v. Rosenstiel) hervortun. Die Mitglieder dieser Informations- und Dienstleistungsgesellschaft haben absolut nichts dagegen einzuwenden, daß ihre Anteile am Kuchen möglichst groß sind. Sie haben allerdings wenig Verständnis dafür, daß dieses Kuchenstück unabhängig von der Leistung in gleich große Teile aufgeteilt werden soll.
Man kann getrost davon ausgehen, daß die meisten Gewerkschaften aus diesem Szenario Konsequenzen ziehen und nicht offenen Auges in der Bedeutungslosigkeit verschwinden werden. Dort werden nur die Gewerkschaften enden, die sich weiterhin einem revolutionären Programm verschwören. Gewerkschaften, die sich darin erschöpfen, im marktwirtschaftlichen System die Wurzel allen Übels zu sehen und Unternehmer und Manager als Ausbeuter zu denunzieren, werden zu einem Sektiererhäuflein mit all seinen Begleiterscheinungen zusammenschrumpfen. Das bekommen schon die radikalen britischen Gewerkschaften zu spüren. Dem Trade Union Congress laufen scharenweise die Mitglieder davon, und sie laufen über zu Konkurrenzgewerkschaften, die eine Unternehmensführung nach marktwirtschaftlichen Grundsätzen prinzipiell bejahen. Die Arthur Scargills dieser Gewerkschaftswelt haben ausgedient. Die Gewerkschaften der Zukunft werden ganz bewußt die Sozialpartnerschaft suchen und ihre Be-

reitschaft zur Mitverantwortung für Gesellschaft und Wirtschaft dokumentieren. Damit werden sie zwar den Mitgliederschwund nicht stoppen können, aber sie werden an Respektabilität gewinnen und so ihre Gestaltungs- und Einflußmöglichkeiten von der Entwicklung ihrer Mitgliederzahl abkoppeln können.
Natürlich werden die Gewerkschaften weiterhin um Mitglieder werben. Allerdings werden sie sich mindestens ebenso intensiv mit der Frage beschäftigen, wie sie ihre Einfluß- und Gestaltungsmöglichkeiten unabhängig von Mitgliederzahlen und Organisationsdichten erhalten können. Hohe Mitgliederzahlen in der Vergangenheit haben nicht nur dem gewerkschaftlichen Selbstbewußtsein gutgetan. Sie waren vor allem deshalb für die Gewerkschaften von so eminenter Bedeutung, weil hohe Mitgliederzahlen auch gleichzeitig viele Mitgliedsbeiträge bedeuteten. Und die waren für die Streikkasse wichtig. Streiks werden zwar immer ein gewerkschaftliches Kampfmittel bleiben, verlieren aber zunehmend an Bedeutung, wie alle diesbezüglichen Statistiken zeigen. Nur im öffentlichen Dienst gewinnt der Streik noch an Attraktivität. Streik ist kein der Informations- und Dienstleistungsgesellschaft adäquates Instrument mehr. Damit verliert auch die gewerkschaftliche Sorge um die Finanzierungsfähigkeit von Streiks ihre Bedeutung. Nichtmitglieder werden daher in Zukunft eine ebenso interessante Zielgruppe für die Gewerkschaften sein, wie sie es heute für die politischen Parteien sind. Und nicht mehr Mitgliedschaft allein wird dann das primäre Gewerkschaftsziel sein, sondern prinzipielle Zustimmung zu den gewerkschaftlichen Zielsetzungen.
Wie können die Gewerkschaften diese Zustimmung erreichen? In einer Szene seines Theaterstückes »Becket oder Die Ehre Gottes« läßt Jean Anouilh einen römischen Kardinal zum Papst sagen: »Wenn ich Eurer Heiligkeit einen guten Rat geben dürfte ...«, worauf der Pontifex den Kardinal mit den Worten unterbricht: »Wir wüßten nicht, Eminenz, was Sie für einen Grund hätten, uns einen guten Rat zu geben.« Wenn ein Manager sich darüber Gedanken macht, wie die Gewerkschaften aus ihrer Krise finden könnten, so mag er sich dabei leicht in der Rolle des Anouilhschen Kardinals wiederfinden, der sich von den Gewerk-

schaften fragen lassen muß, welchen Grund er haben könnte, ihnen den Weg aus der Krise weisen zu wollen. Sei's drum. Im Mittelpunkt der gewerkschaftlichen Überlegungen der Zukunft muß die Einsicht stehen, daß Ausbildung der einzige Garant für eine sichere Beschäftigung ist. Ich sage bewußt »sichere Beschäftigung« und nicht »sicherer Arbeitsplatz«, weil es Sicherheit in dem Sinne, daß man einen Arbeitsplatz, den man einmal hat, so lange halten kann, wie man selbst möchte, nicht mehr geben wird. Die Gewerkschaften und die Betriebsräte erweisen den Arbeitnehmern den größten Dienst, wenn sie darauf drängen, daß Mitarbeiterausbildung eine Top-Priorität im Unternehmen erhält. Das ist kein Plädoyer für den Bildungsurlaub, sondern ein Plädoyer für eine Ausbildungsgesinnung in den Unternehmen, die von Gewerkschaften und Betriebsräten mitgetragen wird.

Zum zweiten müssen die leistungsstärkeren Mitarbeiter eine spezielle Zielgruppe für die Gewerkschaften werden. Leistungsabhängige Gehaltsprogramme sollten von den Gewerkschaften nicht torpediert, sondern sogar gefördert werden, auch zu Lasten der leistungsschwächeren Mitarbeiter. Das wird für die Gewerkschaften nicht ganz leicht sein, weil erfahrungsgemäß die Wenigleister ein stärkeres Bedürfnis haben, gewerkschaftlichen Schutz zu suchen. Und welcher Organisation fällt es schon leicht, gegen die Interessen gerade der eifrigsten Anhänger zu agieren. Aber eine Kurskorrektur tut not, wenn die Gewerkschaften die Unterstützung durch die Leistungsbereiten erreichen wollen.

Eine Ausbildungsgesinnung, die nicht darin gipfelt, stets für die teuersten Schulungsangebote in den teuersten Hotels Stimmung zu machen, und eine stärkere Berücksichtigung der Interessen der leistungsstarken Mitarbeiter sind durchaus Anliegen, die auch im Sinne der Unternehmen und Manager sind. Weniger im Sinne der Unternehmen wird ein Thema sein, das sehr wohl zu den zukünftigen Schwerpunktthemen der Gewerkschaften gehören wird: die Flexibilisierung.

Gewerkschaftsführer können bis jetzt mit dem Begriff recht wenig anfangen und – wenn man ehrlich ist – Manager auch nicht. Flexibilisierung bringt Schwierigkeiten für den Organisationsablauf, sie erschwert die Kontrolle, und sie reduziert die Verfügbarkeit der Mitarbeiter. Das sind die Argumente, die uns Managern spontan in den Sinn kommen, wenn es um dieses Thema geht. Man braucht aber kein großer Prophet zu sein, um vorherzusagen, daß den Mitarbeitern der Zukunft Flexibilität besonders am Herzen liegen wird. Es ist nicht gut vorstellbar, daß die Gewerkschaften die Chance, mit der Vertretung dieses Anliegens zu punkten, ungenützt an sich vorbeiziehen lassen werden.

Die letzten Monate haben gezeigt, daß die Gewerkschaften durchaus bereit sind, die Herausforderungen anzunehmen und sich der neuen Situation anzupassen. Die schwedischen Gewerkschaften warnen vor einer Fünfunddreißigstundenwochen-Euphorie und belegen ihre Warnung mit einer wissenschaftlichen Untersuchung. Die italienischen Gewerkschaften schließen mit Fiat und Olivetti Tarifverträge ab, die das Ausmaß der Lohn- und Gehaltserhöhungen an das Ausmaß erzielter Produktivitäts- und Gewinnsteigerungen koppelt, und der Vorsitzende der deutschen IG Chemie macht sich öffentlich Gedanken über die Zulassung der Sonntagsarbeit. Noch vor ein paar Jahren wären alle diese Ideen in Gewerkschaftskreisen undenkbar gewesen. Heute sind sie umstritten, aber sie sind da. In wiederum ein paar Jahren werden sie nicht mehr umstritten sein.

Es war eingangs davon die Rede, daß einer der Gründe für die weltweit abnehmende Attraktivität der Gewerkschaften in ihrem äußeren Erscheinungsbild und im mangelnden Marketing zu suchen ist. Die Gewerkschaften der Zukunft werden ihrem Image sicher mehr Bedeutung zumessen als die Gewerkschaften in der Vergangenheit, und Marketingmaßnahmen werden sich nicht auf Mitgliederwerbekampagnen alten Stils beschränken. Die Gewerkschaften werden nicht nur tarifpolitische und sozialpolitische Abteilungen haben, sondern gleichrangige Abteilungen für Marketing und Öffentlichkeitsarbeit. Und bei der Auswahl ihrer Führer werden die Gewerkschaften auch auf die äußere Stimmigkeit ein besonderes Augenmerk legen. Franz Steinkühler, der vor zwei Jahren gewählte Vorsitzende der IG Metall und damit der Chef der größten Einzelgewerkschaft der Welt, und der neue Präsident des Österreichischen Gewerkschaftsbundes, Fritz Verzetnitsch, sind dafür bereits gute Beispiele.

Die Nachfrage nach Managertalent wird jede andere Nachfrage übersteigen

Vor einiger Zeit hatte unsere Firma den Auftrag, für ein großes Unternehmen den Vorsitzenden des Vorstandes zu suchen. Da der Aufsichtsrat sich einen Mann mit einem ganz speziellen Anforderungsprofil wünschte, gestaltete sich die Suche besonders schwierig. Dafür war man auch bereit, exzellente Konditionen zu bieten. Nach sehr umfangreichen Recherchen konnten einige Kandidaten identifiziert und präsentiert werden. Von einem waren die Herren des Aufsichtsratspräsidiums besonders beeindruckt, und gleich am Schluß des ersten Gespräches versicherte der Aufsichtsratspräsident gegenüber dem Kandidaten seine Bereitschaft, in konkretere Vertragsgespräche einzutreten. Der Kandidat bedankte sich, bestätigte sein prinzipielles Interesse, wollte aber nicht sofort einen Termin für ein solches Gespräch fixieren. Ein paar Tage später rief der Berater den Kandidaten an, um ihn zu fragen, was noch fehlen würde, um aus seinem prinzipiellen Interesse ein endgültiges zu machen. Das war seine Antwort: »Die Firma reizt mich, die Nummer-eins-Position reizt mich, und das Gehalt ist auch o. k. Ich bin mir aber noch nicht sicher, ob mich der Aufsichtsratspräsident reizt. Vor einer definitiven Entscheidung würde ich noch gerne mit ihm unter vier Augen reden.« Der Chef des Aufsichtsrates hatte übrigens volles Verständnis für diesen Wunsch und war sogar so feinfühlig, den ausländischen Wohnort des Kandidaten als Treffpunkt für dieses Gespräch vorzuschlagen.

Gute Kandidaten werden immer wählerischer. Sie können es sich leisten, weil sie immer begehrter werden. Und gute Unternehmen akzeptieren das und stellen sich darauf ein. Ich habe zur Untermauerung dieser Feststellung ganz bewußt kein Beispiel gewählt, bei dem es um eine Gehaltsforderung eines Kandidaten gegangen wäre. Obwohl natürlich Gehalt im Wettbewerb um Management-Talent eine besondere Rolle spielt. Ich habe dieses Beispiel auch deshalb gewählt, weil es einen neuen Trend belegt: Nicht nur Manager suchen sich ihre Mitarbeiter aus, sondern Mitarbeiter suchen sich auch ihre Manager aus.

Mancher Leser wird jetzt ungläubig den Kopf schütteln. Wie kann die Behauptung, daß der Wettbewerb um Management-Talent jeden anderen Wettbewerb in den Schatten stellen wird, stimmen, wenn es noch nie so viele Führungskräfte wie heute gegeben hat, die eine neue Aufgabe suchen? Haben nicht Outplacement-Berater mit ihrem Angebot, auf Rechnung des bisherigen Arbeitgebers Managern, die nicht mehr gebraucht werden, bei der Suche nach einem neuen Arbeitgeber zu helfen, eine Marktnische entdeckt, die bald nicht mehr Nischen-, sondern Ballsaalgröße haben wird? Bald wird es auch eine Frage der Unternehmenskultur sein, wie ein Unternehmen nicht nur mit seinen Mitarbeitern, sondern auch mit seinen Ex-Mitarbeitern umgeht. Es ist zwar nur sehr schwer vorstellbar, daß Unternehmen ihre Bereitschaft, einem Manager bei der Auflösung seines Dienstvertrages die Dienste einer Outplacement-Firma zur Verfügung zu stellen, in ihren Katalog freiwilliger Sozialleistungen aufnehmen werden, weil eine solche Auflistung im Handbuch der Sozialleistungen nicht gerade eine »vertrauensbildende Maßnahme« darstellen würde. Aber die Mehrzahl der betroffenen Führungskräfte wird noch dankbar sein, im Fall des Falles eine solche Hilfe angeboten zu bekommen. Es stimmt jedenfalls die Beobachtung, daß noch nie so viele Führungskräfte wie jetzt auf dem Markt gewesen sind. Aber gleichzeitig stimmt auch die Feststellung, daß für Führungskräfte ein goldenes Zeitalter angebrochen ist. Und zwar für die Elite der Führungskräfte. Die Nachfrage nach ihnen kann schon jetzt nicht mehr befriedigt werden, und es ist zu erwarten, daß sich die Schere zwischen Angebot und Nachfrage weiter öffnen wird.

Warum steigt die Nachfrage so rasant an? Im wesentlichen deswegen, weil immer mehr Unternehmen erkennen, daß Mitarbeiter und Führungskräfte nicht ausschließlich ein Kostenfaktor sind, den es gilt, möglichst gering zu halten, sondern auch ein Investitionsfaktor. Und immer mehr von ihnen beginnen zu realisieren, wie groß der Unterschied zwischen einem sehr guten und einem brauchbaren Manager ist, vom Unterschied zwischen einem sehr guten und einem unbrauchbaren Manager gar nicht zu reden. Unternehmenskrisen haben manchmal eine Ursache, manchmal mehrere. Die Managementkrise als Ursache für eine Unternehmenskrise ist immer dabei. Einer meiner früheren Vorgesetzten hatte einen Lieblingssatz, den er bei jeder sich bietenden Gelegenheit zitierte: »There is no substitute for management!« Und in der Tat, nichts kann in einem Unternehmen auf Dauer gutes Management ersetzen. Die Zeitungen sind voll von Berichten über Manager, die dem Untergang geweihte Unternehmen gerettet, und auch über solche, die einst florierende Unternehmen an die Wand gefahren haben.

In den Vereinigten Staaten kamen im Jahr 1969 von all den Chief Executives, die in Firmen mit über einer Milliarde Dollar Umsatz neu bestellt wurden, nur 7 Prozent von außen. Topbesetzungen, die nicht aus dem eigenen Haus kamen, waren in einer verschwindend kleinen Minderzahl. Im Jahre 1982 wurden bereits 22 Prozent aller Chief-Executive-Officer-Positionen nicht aus dem eigenen Haus besetzt. Dieser Trend hat sich seither noch verstärkt. Heute schätzt man, daß in einem guten Drittel der Fälle der Board of Directors nach einem Mann von draußen Ausschau hält. Für Europa gibt es keine vergleichbaren Statistiken. Hier war es allerdings auch schon in den sechziger Jahren üblich, Leute von außen zu holen. Das war aber eher Ausdruck der Verlegenheit, weil systematische Personalentwicklung keinen mit den USA vergleichbaren Stellenwert besaß. Doch auch in Europa nimmt der Trend, Top-Managementpositionen mit externen Leuten zu besetzen, weiter zu.

Dieser Trend zur Berufung von außen beweist, daß die Entscheidungsgremien immer wählerischer werden, wenn es um die Besetzung von Spitzenpositionen geht. Man gibt sich nicht mehr automatisch mit dem Angebot aus dem eigenen Haus zufrieden.

Für das wissenschaftliche Renommee von Hochschulen ist unter anderem die Anzahl der Professoren, die nicht die gesamte wissenschaftliche Laufbahn im eigenen Haus absolviert haben, von besonderer Bedeutung. Hausberufungen an Hochschulen gelten als Zeichen von Selbstzufriedenheit, mangelnder wissenschaftlicher Dynamik bis hin zur Provinzialität. Wissenschaftliches Können ist zwar generell ortsungebundener als Managementkönnen, wo Kontinuität, Unternehmenskultur und Unternehmenserfahrung keine Größen sind, die ignoriert werden dürfen, aber es ist ein Faktum, daß immer mehr Firmen daran gehen, bewuß externen Kandidaten den Vorzug zu geben. Und das, obwohl man in der unternehmensinternen Personalentwicklung Gott sei Dank viele Fortschritte gemacht hat. Selbst wenn ein entsprechend vorbereiteter und geeigneter Anwärter auf eine Position im eigenen Haus vorhanden ist, kommt es immer häufiger vor, daß man ein Beratungsunternehmen beauftragt, zusätzlich die besten auf dem Markt verfügbaren Kandidaten ausfindig zu machen. Man will sicher sein, bei der Auswahl keinen zu engen Blickwinkel gehabt zu haben.

Wie vertragen sich die Anstrengungen der Unternehmen, eine eigene Identität zu finden und im Interesse der Unternehmenskultur einen firmenspezifischen Führungsstil zu schaffen, mit dem Trend, Schlüsselpositionen zunehmend von außen zu besetzen? Verlangt nicht der Katalog von Wertvorstellungen, den man im Unternehmen durchsetzen möchte, daß Kandidaten der Vorzug gegeben wird, die die unternehmensspezifische Kultur und ihre Werte verstanden und verinnerlicht haben? Bedeutet nicht ein neuer Mann von außen – vor allem an der Spitze – eine Gefährdung dieser Kultur? Es ist für jedes Unternehmen sicher ein Gebot der Klugheit, sich mit dieser Frage auseinanderzusetzen. Und zwar vor der Entscheidung über einen neuen Manager und nicht erst hinterher.

Jede Unternehmenskultur ruht im wesentlichen auf drei Säulen: auf Kundenorientiertheit, auf einer fairen Behandlung der Mitarbeiter und auf einem hohen Verantwortungsgefühl gegenüber der Öffentlichkeit. Wenn nur eine dieser drei Säulen fehlt, dann sollte man besser von Unkultur als von Kultur sprechen. Umgekehrt ist alles, was darüber hinausgeht, Beiwerk, das manchmal schmückt, aber oft auch schmucklos ist. Natürlich können Unternehmen unterschiedliche Regeln haben, wie sie diese kulturellen Ziele operativ umsetzen, aber mit diesen Regeln lernen auch firmenfremde Manager schnell umzugehen. Und oft erwartet man ja von einem neuen Mann von außen nicht, daß er sich dem bisherigen Stil des Unternehmens anpaßt, sondern daß er Akzente für einen neuen Stil setzt.

Die Unternehmensberatungsfirma Hay hat in einer großangelegten, mehrjährigen Untersuchung den Einfluß unterschiedlicher Rekrutierungspraktiken auf das Unternehmenswachstum erforscht. Unternehmen, die ihre Führungspositionen prinzipiell aus den eigenen Reihen besetzen, weisen gemäß dieser Untersuchung ein jährliches Durchschnittswachstum von 5 Prozent aus. Firmen, die keine solche Politik betreiben und die Tendenz haben, ihre Führungskräfte von außen zu holen, zeigen hingegen ein Durchschnittswachstum von 10 Prozent. Aus diesem Untersuchungsergebnis sollte man nicht die eindimensionale Schlußfolgerung ziehen, daß Rekrutierung von außen prinzipiell der Rekrutierung von innen überlegen ist und daß Firmen, die auf Wachstum setzen, besser beraten sind, die suchenden Augen nach außen zu richten. Aber die Studie belegt zumindest, daß Leute von außen keinen unternehmensinternen Kulturschock provozieren, der sich auf ein so vorrangiges Unternehmensziel wie das Wachstum negativ auswirken würde.

Nun gibt es einen wesentlichen Einwand gegen die Besetzung von Führungspositionen mit firmenfremden Leuten: die potentielle Demotivation der Mitarbeiter aus dem eigenen Haus, die sich selbst Hoffnung auf Aufstieg machen konnten. Das Wissen, daß Führungspositionen nur aus dem Unternehmen selbst heraus besetzt werden, stellt sicher einen Ansporn dar, weil es die eigenen Karrierechancen erhöht. Aber wenn die Besetzungsentscheidung einmal gefällt ist, dann ist der, zu dessen Ungunsten sie ausgefallen ist, nicht dadurch motivierter, daß ihm ein Kollege und nicht jemand von außen vorgezogen wurde. Als Reginald Jones, der langjährige Chairman und Chief Executive von General Electric, daranging, seinen Nachfolger zu suchen, da machte er im Unternehmen sieben Anwärter ausfindig, die er ein Jahr lang testete und beobachtete. Einer von ihnen ist es dann schließlich geworden. Von den übriggebliebenen sechs haben fünf General Electric innerhalb von drei Jahren nach dieser Entscheidung verlassen.

Was hat der Beweis, daß Managementpositionen zunehmend von außen besetzt werden, mit dem Nachweis zu tun, daß die Nachfrage nach Management-Talent so stark steigt, daß sie nicht befriedigt werden kann? Bleibt nicht die Summe der Besetzungen gleich? Und damit auch die Nachfrage? Solange die ideale Managerkarriere die war, die mit einem Eintritt als Trainee in ein Unternehmen begann und mit einer Pensionierung als Hauptabteilungsleiter oder Vorstandsdirektor bei eben diesem Unternehmen endete, bewegte sich der Managermarkt nur sehr sanft. Erst die zunehmende Popularität von Außenbesetzungen und von Firmenwechseln sorgte für eine echte Bewegung in diesem Markt. Die Chance eines Managers, auf einen Positionswechsel angesprochen zu werden, ist heute achtmal so groß wie noch vor zehn Jahren. Und bereits heute können Leute mit Spitzenbegabung in bestimmten Funktionen damit rechnen, mehrmals im Jahr Angebote für eine neue Position zu bekommen. Dieser Nachfrageboom weist eine interessante Besonderheit auf. Er ist nicht mehr auf den Top-Managementbereich beschränkt. Direktansprache wird immer mehr zum gängigen Rekrutierungsinstrument auch für Middle Manager und Spezialisten. Gerade in absoluten Wachstumsbranchen wie der Kommunikationsindustrie, dem Finanzdienstleistungsbereich und der Konsumgüterindustrie nimmt diese Form der Nachfragebefriedigung nach Führungskräften der mittleren Ebene und Spezialisten besonders zu. Mit hoher Wahrscheinlichkeit wird im Jahr 2000 die Suche von Führungskräften via Inserat der Vergangenheit angehören.

Erleichtert wird die Rekrutierng von außen auch dadurch, daß die Bindungen der Manager an ihr Unternehmen schwächer werden. Häufiger Eigentümerwechsel, ständige Organisationsänderungen und eine prinzipiell abnehmende individuelle Bindungsbereitschaft sind dafür verantwortlich. Im Mutterland des Executive Search, den USA, haben vor zwanzig Jahren im Schnitt mehr als die Hälfte aller Manager, die wegen eines Positionswechsels kontaktiert wurden, bereits am Telefon »nein« nur zu einem Gespräch darüber gesagt. Heute sind es nicht einmal mehr 10 Prozent, die eine Einladung zu einem Gespräch ausschlagen.

Zu welchen Kapriolen eine Industrie im Wettbewerb um die größten Talente fähig ist, zeigt sich am stärksten im Bereich »Financial Services«. Das ist sicher der Dienstleistungsbereich mit dem größten Innovationspotential und dem größten Wachstum der letzten zehn Jahre. Dementsprechend groß ist die Nachfrage nach Spezialisten. In der Frankfurter City, wo sich mehr als 400 Banken und Finanzdienstleistungsgesellschaften drängen, lag in den Jahren 1986 und 1987 die durchschnittliche Gehaltserhöhung, die mit einem Stellenwechsel verbunden war, bei 35 Prozent. Vereinzelt sind Fälle bekannt geworden, wo Unternehmen bereit waren, das Salär ihrer Wunschkandidaten zu verdoppeln. Der Börsenkrach vom Oktober 1987 hat zwar dafür gesorgt, daß auch hier die Bäume aufhören, in den Himmel zu wachsen. Aber sie sprießen schon wieder recht kräftig.

Der Wettbewerb um Managertalent wird in Zukunft schon an den Hochschulen beginnen. Bereits in den sechziger Jahren haben Firmen wie IBM, Siemens, Unilever und viele Banken versucht, durch regelmäßige Präsenz an den Hochschulen und durch großzügige Ferialpraxisangebote den Strom von akademischen Bewerbern auf die eigenen Mühlen zu lenken. Später sind dann bei einer Reihe von Firmen diese Programme mangels Personalbedarf ziemlich in Vergessenheit geraten. In den neunziger Jahren werden sie nicht nur wieder aufleben, sie werden mit wesentlich größerer Systematik und mit wesentlich höherem Aufwand betrieben werden. Natürlich ist es schon immer vorgekommen, daß ein Abteilungsleiter einen guten persönlichen Draht zu einem Hochschullehrer hatte – womöglich noch von der eigenen Studienzeit her – und sich von ihm von Zeit zu Zeit auf besonders begabte Studenten aufmerksam machen ließ. In Zukunft werden Firmen solche Kontakte nicht dem Zufall oder der Einzelinitiative eines Managers überlassen. Systematische Kontaktpflege mit praxisorientierten Professoren wird an der Tagesordnung sein. Beratungsaufträge für Professoren werden stillschweigend auch die Aufgabe zum Inhalt haben, Augen und Ohren für den besonders begabten akademischen Nachwuchs offenzuhalten. Professoren

werden vielfach einen neuen, wahrscheinlich unbezahlten Nebenberuf haben: den des Junior Executive Search Consultant. So läuft bei der Bank für Gemeinwirtschaft in der Bundesrepublik ein Pilotprojekt, bei dem Hochschullehrer gebeten werden, Studenten in fortgeschrittenen Semestern zu benennen, die sich nach dem Urteil der Professoren durch erkennbares Management-Talent auszeichnen. Den nominierten Studenten soll dann nicht nur das Traineeprogramm der Bank vorgestellt werden, sondern die Bank offeriert ihnen auch in Zusammenarbeit mit einem Personalberatungsunternehmen ein »individuelles Karrieregutachten«. Und man denkt sogar daran, die begabtesten Studenten schon ein Jahr vor dem voraussichtlichen Abschluß des Studiums durch einen Dienstvertrag an die Bank zu binden.
Was bei Managern mit Spitzenqualifikation beginnt, setzt sich bei Studenten mit Spitzenqualifikation fort. Der Wettbewerb um sie wird härter, und sie können wählerischer denn je sein. Der Durchschnittsstudent hingegen teilt das Schicksal des Durchschnittsmanagers: Er muß nehmen, was er kriegen kann.
Manche Manager verwechseln das Recht, wählerisch zu sein, mit dem Recht, präpotent zu sein. Auch manche Studenten. Ein eindrucksvolles Beispiel für eine solche Verwechslung lieferte ein Abgänger einer Business School bei einem Vorstellungsgespräch in der deutschen Niederlassung von Colgate-Palmolive: Er verlangte Einsicht in die Bilanzen der letzten drei Jahre.

Die Entwicklung des Managermarktes wird Einfluß auf die Methoden der Managerauswahl haben

Wenn man den Zeitungsmeldungen glauben darf, so sind die Japaner dabei, den vielen »Management by ...«-Konzepten ein neues hinzuzufügen: Management by Astrology. Als bevorzugtes Anwendungsgebiet für dieses Konzept haben sie dabei die Personalauswahl auserkoren. Jedenfalls soll es in Japan durchaus nichts Außergewöhnliches sein, daß Manager vor wichtigen Personalentscheidungen die Sterne befragen. Damit die Ratio dabei nicht zu kurz kommt, tun sie das mit tatkräftiger High-Tech-Unterstützung. So hat ein japanisches Unternehmen, das für derartige Horoskope ein Softwarepaket entwickelt hat, schon bei der Ankündigung des Paketes mehr als tausend Bestellungen verbuchen können.
Aber man braucht gar nicht bis nach Japan zu schauen. Es fehlt auch in unseren Breiten nicht an Unternehmern und Managern, die bei Personalentscheidungen auf Shakespeare und seinen Satz bauen, daß es »mehr Ding' im Himmel und auf Erden gibt, als unsere Schulweisheit sich träumen läßt«. Und so sieht dann auch die Personalauswahl aus. Die Ratlosigkeit ist allgemein sehr groß. Und groß ist die Unsicherheit darüber, auf welche Methode der Personalauswahl am ehesten Verlaß ist. Wer sich auf so schwankendem Grund befindet, der sucht begierig nach etwas, das ihm zumindest ein kleines Stück festen Bodens verspricht. Für den einen ist das ein graphologisches Gutachten, ein anderer schwört auf Testbatterien, der dritte glaubt, die besten Erfahrungen mit persönlichen Empfehlungen von Freunden und Bekannten gemacht zu haben, und der vierte hofft eben auf die Sterne. Andere Manager wiederum haben mit keiner dieser Methoden etwas im Sinn und ver-

lassen sich einzig und allein auf den Eindruck, den der Kandidat im persönlichen Gespräch macht. In den sechziger Jahren wurde auch das Gespräch mit der Ehefrau des Kandidaten vielfach propagiert. Die zusätzlichen Erkenntnisse waren aber im Schnitt so dürftig, daß diese Methode wieder in der Versenkung verschwand, bevor sie eine weite Verbreitung finden konnte.

Wirklich zufrieden ist kaum jemand mit dem Instrumentarium, und das Wort »Vabanquespiel« fällt in diesem Zusammenhang oft. Insgesamt hoffen alle, daß es in absehbarer Zukunft Auswahlmethoden geben wird, die die Personalsuche von diesem Odium befreien.

Werden sich diese Hoffnungen erfüllen, oder werden die Selektionsmethoden des Jahres 2000 die gleichen sein wie die des Jahres 1989? Wird den Assessment-Centers die Zukunft gehören, oder werden sich Kandidaten vielleicht gar der Prozedur eines Elektroenzephalogramms aussetzen müssen, das Aufschluß über die Ausprägung ihrer rechten und ihrer linken Gehirnhälfte geben soll, damit man nicht nur über ihre analytische Intelligenz Bescheid weiß, sondern gleichzeitig auch etwas über ihre musische Begabung und ihre Kreativität erfährt?

Ich möchte es gleich vorwegnehmen. ***Das*** neue Instrument oder ***die*** neue Methode, die aus der Personalauswahl einen Routinevorgang mit hundertprozentiger Voraussagegenauigkeit machen könnten, sind nicht in Sicht. Es wird sich zwar der professionelle Standard des Auswahlprozesses weiter erhöhen, aber niemand wird eine Art Lackmuspapier erfinden, das sich blau färbt, wenn man es an brauchbare Kandidaten hält, und rot, wenn man es an unbrauchbare hält. Und eine zweite Prophezeiung: Standardisierte und sogenannte »objektivierbare« Methoden werden an Bedeutung verlieren, die persönliche Urteilsfähigkeit des mit der Auswahl betrauten Managers an Bedeutung gewinnen.

Zunächst eine aus meiner Sicht erfreuliche Entwicklung. Die Gemeinde der Graphologiefans unter den Managern wird zusehends kleiner. Während es vor wenigen Jahren noch durchaus üblich war, daß von Bewerbern für Führungspositionen Handschriftenproben verlangt wurden, ist das heute eher die Ausnahme als die Regel. Es gibt zwar noch immer einen kleinen, harten Kern von

Topmanagern und Unternehmern, die auch bei der Besetzung von Spitzenpositionen keine Entscheidung ohne den Segen ihres Hausgraphologen treffen. Da wiegt dann eine erfolgreiche Berufslaufbahn über zehn Jahre und mehr weniger als das Gutachten eines Handschriftenexperten, der in vielen Fällen nicht einmal das Anforderungsprofil der Position kennt.

Gerade in solchen Fällen halte ich die Zuziehung eines Graphologen für verfehlt. Für noch verfehlter halte ich es allerdings, wenn Manager selbst sich als Amateurgraphologen betätigen und mit einem graphologischen Pseudowissen, das aus populärwissenschaftlichen Publikationen stammt, auf die Suche nach in der Handschrift verborgenen Charaktermerkmalen gehen.

Für meine Abneigung gegen die Graphologie gibt es durchaus objektive Gründe. Aber ich will auch einen subjektiven nicht verschweigen. Nach Abschluß meines Studiums habe ich mich bei einer Reihe von Firmen beworben. Darunter waren auch solche, die für die Bewerbung einen handschriftlichen Lebenslauf verlangt haben. Ihre Beurteilung meiner Handschrift fiel dabei offensichtlich so katastrophal aus, daß sie mich nicht einmal eines kurzen Absageschreibens für würdig befanden. Von keiner dieser Firmen habe ich bezüglich meiner Bewerbung je wieder etwas gehört.

Die Graphologie ist bei all ihrer früheren Popularität immer auch einem gehörigen Maß an Skepsis begegnet. Die Tests waren da besser dran, und der Glaube, daß es der Testforschung gelingen würde, Tests mit quasi absoluter Zuverlässigkeit zu entwickeln, war lange Zeit ungebrochen. Aber auch diese Euphorie ist heute längst vorbei. Kandidaten für Sachbearbeiter- und Nachwuchsführungskräfte-Positionen werden zwar weiterhin fleißig getestet, aber auch da haben Testergebnisse ihre Allmacht verloren und sich auf die Rolle des diagnostischen Hilfsmittels eingependelt.

Es ist jedoch nicht nur der nachlassende Glaube an die Aussagekraft von graphologischen Gutachten und von Tests, der dazu führt, daß ihre Rolle in der Führungskräfteauswahl immer bescheidener wird. Es hat auch damit zu tun, daß der Führungskräftemarkt zunehmend von einem Käufer- zu einem Verkäufermarkt wird. Es sind nicht mehr nur die Führungskäfte, die sich bei Unternehmen bewerben, sondern es bewerben sich immer mehr Unternehmen bei Führungskräften. Das hat Konsequenzen für den Suchprozeß und die Auswahlmethode, die nicht nur Unternehmensbedürfnisse, sondern auch Kandidatenbedürfnisse befriedigen müssen. Die Situation läßt sich am besten so beschreiben:

1. In dem Ausmaß, in dem die direkte Ansprache von Kandidaten durch einen Berater die traditionelle Suchform via Inserat ersetzt, wird auch die Zahl der Kandidaten kleiner, die bereit sind, als Bewerber aufzutreten. Angesprochen zu werden bedeutet hohes Prestige, sich zu bewerben dagegen bedeutet geringes Prestige. Daher bewerben sich immer weniger Führungskräfte, auch wenn sie an einem Positionswechsel interessiert sind, sondern suchen statt dessen nach Möglichkeiten, wissen zu lassen, daß sie ansprechbereit sind.
2. Die Zahl der Führungskräfte, die sich weigern, einen Test zu machen oder sich einem graphologischen Gutachten auszusetzen, wird immer größer. Der Grad der Ablehnung ist um so größer, je höher Führungskräfte auf der Hierarchieleiter stehen. Dafür gibt es zwei Begründungen: eine sachliche und eine, die eher im psychologischen Bereich zu suchen ist.

Der erste Grund liegt darin, daß Führungskräfte – ich glaube zu Recht – meinen, daß eine langjährige erfolgreiche Berufslaufbahn mehr Aussagekraft über ihre Qualitäten haben müßte als jede Testbatterie und jedes graphologische Gutachten. Die mögen bei Nachwuchsleuten einen Sinn haben, die ihre Fähigkeiten noch nicht unter Beweis haben stellen können.
Der zweite Grund für diesen Widerstand liegt im Selbstverständnis der Führungskräfte. Tests und graphologische Gutachten sind Selektionsinstrumente, die der Führungskraft keine »Waffengleichheit« garantieren. Sinn und Zweck von Tests sind nicht leicht durchschaubar, und sie werden von anonymen Personen ausgewertet, die man nicht kennt und mit denen man nicht argumentieren kann. Der Widerstand gegen den Graphologen hat ähnliche Ursachen. Manager, die keinen dringenden Handlungsbedarf in Sachen Stellungssuche haben, tendieren dazu, diesem Verfahren auszuweichen.
Jeder Manager, der selbst einige Erfahrung mit Tests in der Perso-

nalauswahl hat, weiß, daß das Risiko eines Kandidaten, durch ein schlechtes Testergebnis aus dem Rennen geworfen zu werden, wesentlich kleiner ist als das Risiko, im persönlichen Gespräch nicht zu reüssieren. Im statistischen Mittel passieren drei von vier Kandidaten einen Test ohne Probleme. Aber drei von vier Kandidaten scheitern beim Interview. Und doch ist fast jeder Manager ohne Wenn und Aber bereit, sich einem solchen Gespräch zu stellen. Das hat ganz sicher damit zu tun, daß beim Gespräch zumindest in der Theorie Chancen- und Waffengleichheit besteht. Der Kandidat hat die Möglichkeit, selbst den Gesprächsverlauf zu steuern oder zumindest zu beeinflussen. Beim Interview präsentiert sich nicht nur der Kandidat, es präsentiert sich auch der Unternehmer oder Manager, der das Gespräch führt. Somit ist auch für den Interviewten die Möglichkeit gegeben, »nein« zu sagen. In letzter Zeit haben Assessment-Centers als Selektionsinstrument einigen Boden gewonnen. Dabei werden die Kandidaten mit einer ganzen Reihe unterschiedlichster Fallbeispiele konfrontiert. Mehrere erfahrene und speziell geschulte Manager beobachten sie dabei, wie sie sich an die Lösung dieser Beispiele machen. In der unternehmensinternen Personalentwicklung haben sie sich bereits einen festen Platz erkämpft. Auch für die Auswahl von Mitarbeitern, die von außen kommen, werden sie im Moment stark propagiert. Da sind aber doch die Grenzen sehr eng gezogen. Nicht nur des enormen Aufwandes wegen, sondern vor allem wegen der Tatsache, daß das Assessment-Center in seiner einzigen wirklich sinnvollen Form eine wesentliche Bedingung der Personalauswahl nicht erfüllt: die Bedingung der Diskretion. Der große Wert des Assessment-Centers liegt darin, daß man mehrere Kandidaten zugleich in Interaktion erleben kann, daß ihre Stärken und Schwächen im Vergleich sichtbar werden. Da zumindest im Führungskräftebereich kein Kandidat ein Interesse daran haben kann, daß seine Kandidatur jemandem ohne »need to know« bekannt wird – am allerwenigsten einem Mitbewerber um die angestrebte Position –, verbietet sich hier der Einsatz von Assessment-Centers von selbst. Bei Nachwuchskräften und wenn es darum geht, aus unternehmensinternen Kandidaten die Leute mit dem größten Potential herauszufühlen, spielt das Gebot der

Vertraulichkeit keine so wichtige Rolle. Daher werden die Assessment-Centers im wesentlichen auf diese beiden Bereiche beschränkt bleiben.
Natürlich kann man die Kandidaten auch einzeln durch die Prozedur eines Assessment-Centers gehen lassen. Aber dabei geht ein Großteil des Wertes dieser Einrichtung verloren.
Sind neue Auswahlverfahren am Horizont sichtbar? Am ehesten könnten zukünftige Erkenntnisse der Hirnforschung den Weg für neue Instrumente weisen. Aber höchstwahrscheinlich wird zu dem Zeitpunkt, zu dem wirklich brauchbare Erkenntnisse vorliegen, die Vorstellung von »gläsernen Menschen« gesellschaftlich derart geächtet sein, daß an eine Anwendung solcher Verfahren in der Personalauswahl nicht mehr zu denken sein wird. Kann sich irgend jemand vorstellen, daß ein zukünftiger Generaldirektor von Lancia oder ein zukünftiger Finanzvorstand bei Hoechst sich einem Elektroenzephalogramm unterziehen würde?
Bleibt noch das Interview als Auswahlinstrument. Es wird weiter das zentrale Selektionskriterium bleiben. In der Literatur tauchen immer wieder Untersuchungen auf, die beweisen sollen, daß dieses Interview das Selektionsinstrument mit der geringsten Treffsicherheit sei. Ich kann diese Aussage durch meine Erfahrung absolut nicht bestätigt finden. Das intensive Gespräch mit einem Kandidaten, dem eine systematische Untersuchung seines Werdeganges vorangegangen ist, ist durch kein anderes Instrument zu ersetzen. Natürlich gibt es noch immer Manager, die solche Gespräche vor allem zur Selbstdarstellung verwenden und nicht dazu, dem Kandidaten Gelegenheit zu geben, sich darzustellen. Es gibt auch noch immer Manager – auch in Spitzenpositionen –, die den Führungsstil eines Kandidaten dadurch in Erfahrung bringen wollen, daß sie ihn nach seinem Führungsstil fragen. Und wenn der Kandidat dann »partnerschaftlich« zur Antwort gibt, dann sind sie es zufrieden und überzeugt davon, tatsächlich jemanden vor sich zu haben, der einen partnerschaftlichen Führungsstil pflegt. Aber das sind Ausnahmen, und die Managementfähigkeit, solche Gespräche zu führen, hat in den letzten Jahren stark zugenommen.
Eine Form des Interviews führt noch ein Schattendasein, obwohl

es einen Platz an der Sonne verdienen würde. Es ist das Interview mit der Person, die vom Kandidaten als Referenzgeber genannt worden ist. Ich sage bewußt Interview und nicht Telefonat, weil man solche Referenzen immer in einem persönlichen Gespräch überprüfen sollte. Richtig geführte Interviews mit Referenzgebern können so aufschlußreich sein wie ein Interview mit dem Kandidaten. Gute Manager und gute Berater wissen das und widmen diesen Gesprächen auch die nötige Zeit. Es wird nicht mehr lange dauern, bis nicht nur Managementschulungen über die Technik des Interviews mit Kandidaten, sondern auch über die mit Referenzgebern angeboten werden.
Eine Grundbedingung müssen solche Gespräche erfüllen: Sie dürfen nur mit Personen geführt werden, die vom Kandidaten selbst genannt worden sind. Das erfordert das Gebot der Vertraulichkeit. Nun kann man immer wieder den Einwand hören, daß Auskünfte von Referenzgebern von sehr bescheidenem Wert wären, weil Kandidaten nur solche Personen nennen würden, die vor allem Freundliches über sie zu sagen hätten. In der Mehrzahl der Fälle ist der Grundtenor von Referenzgebern auch durchaus positiv. Aber keineswegs immer, und es ist verblüffend, welch schlechtes Einschätzungsvermögen manche Kandidaten an den Tag legen, wenn es um die Beibringung von Referenzen geht. Aber auch dann, wenn diese Einschätzung durchaus zutreffend ist und der Referenzgeber wirklich eine positive Einstellung hat, so erlaubt ein ausführliches, geschickt geführtes Gespräch doch, echtes Gold von Goldlackierung zu unterscheiden. Ein Spitzenmanager ist selten bereit, auf gezielte Fragen eine Antwort wider besseres Wissen zu geben.

Die Unternehmen brauchen Manager, denen am Erfolg mehr liegt als an der Vermeidung von Mißerfolg

Wenn man die Texte von Personalsuchanzeigen, wie sie Wochenende für Wochenende in den großen Tageszeitungen zu finden sind, auf Gemeinsamkeiten überprüft, so fällt eine besonders auf: Die Manager, nach denen Nachfrage besteht, sollen vor allem »erfolgsorientiert« sein. Und ich habe noch keinen Manager getroffen, der sich selbst anders als erfolgsorientiert gesehen hätte.
Für viele Manager hat aber nicht die Erzielung von Erfolg oberste Priorität, sondern die Vermeidung von Mißerfolg. Das hat in erster Linie mit ihrer Erfahrung zu tun, daß die meisten Managementsysteme Mißerfolg stärker bestrafen, als sie Erfolg belohnen. Mißerfolg hat zum Unterschied zum Erfolg eine fatale Eigenschaft: Er fällt immer auf, während Erfolg manchmal unbeobachtet bleibt. Und der Ruf des Mißerfolges bleibt an einer Person haften wie ein Alleskleber, während der Ruf des Erfolges verdunstet wie hochprozentiger Alkohol. Natürlich hat man bei sogenannten guten Unternehmen ein Sensorium für Managementerfolg, aber Mißerfolg läßt im Gedächtnis auch dieser Unternehmen die stärkeren Spuren zurück.
Jedes Unternehmen muß sich gegen grobe Mißerfolge seiner Manager schützen. Für Fehler, die ein Unternehmen in der Öffentlichkeit negativ exponieren, oder für Fehler, die für ein Unternehmen schwere finanzielle Konsequenzen haben, muß es nicht nur Sanktionen geben, sondern die Manager müssen diese Sanktionen auch kennen. Um diese Fehler geht es hier nicht. Es geht um die kleinen täglichen Mißerfolge. Um eine nicht geglückte Präsentation, um eine Meinung, die eventuell nicht auf der Linie eines Vorgesetzten liegt, oder darum, daß man sonst irgendwie »ungut«

auffallen könnte. Da wird tagelang an einer Präsentation über ein Thema von geringer Bedeutung gefeilt, das nur ein paar Stunden in Anspruch nehmen dürfte, und ebenso lang werden alle Gehirnwindungen strapaziert, um die Nuancen zwischen dem, was gesagt werden darf, und dem, was gesagt werden muß, herauszuarbeiten.

Ich kenne einen hochrangigen Manager in einem großen internationalen Konzern, dessen Position es mit sich bringt, daß er ziemlich häufig mit dem obersten Managementgremium dieses Unternehmens zu tun hat. Bei solchen Gelegenheiten wird von ihm als Chef eines Stabsbereiches in der Regel eine Stellungnahme oder eine Empfehlung, welche Entscheidung getroffen werden soll, verlangt. Solche Stabspositionen und -empfehlungen bereitet er mit besonderer Sorgfalt vor. Daran ist nichts Außergewöhnliches. Außergewöhnlich ist eine Besonderheit dieser Vorbereitung. Er bereitet nämlich nicht nur eine Stellungnahme, sondern immer deren drei vor, und zwar mit unterschiedlichen Inhalten. Zum Präsentationstermin hat er immer alle drei dabei. Welche der drei er dann im Board Room letztlich auf den Overheadprojektor legt, das macht er von der dort herrschenden Stimmung abhängig. Aus der Art der Fragen des Corporate Managements, aus dem Tonfall von Zwischenbemerkungen während der Präsentation versucht er zu schließen, wohin der Hase läuft und welche der drei Empfehlungen die größte Chance haben wird, akzeptiert zu werden. Dank seiner guten Nase irrt er sich selten. Und von den Mitgliedern des Topteams bekommt er mit großer Regelmäßigkeit Applaus wegen der Präzision seiner Präsentationen und der zwingenden Logik seiner Empfehlungen.

Diese wahre Geschichte hat einen Nachteil. Sie ist Wasser auf die Mühlen derer, die meinen, daß vorauseilender Gehorsam und Anpassungsfähigkeit die Eigenschaften sind, die wirklich für eine Karriere zählen. Können sei gar nicht gefragt. Das ist eine von Versagern in die Welt gesetzte Dolchstoßlegende. In den seltensten Fällen ist es eine fehlende Eignung zum Bückling, die jemanden hartnäckig auf der untersten Sprosse der Karriereleiter festhält. Es gibt schon Leute, die ihre Karriere vor allem ihrem vorauseilenden Gehorsam zu verdanken haben, aber Leute mit dieser Eigenschaft gibt es auch zuhauf unter denen, die keine Karriere gemacht haben. Wer weiter oben steht, ist in der Regel tüchtiger als der, der nicht so weit oben steht. Das gilt im übrigen auch für den Manager, den ich eben beschrieben habe. Er ist in seinem Fachbereich Spitze, und er kann sich auch einer entsprechenden Marktnachfrage erfreuen. Nur fehlt seinem Manager-Sein jede unternehmerische Dimension. Unternehmen mit stark ausgeprägter Unternehmenskultur haben da noch ein Zusatzproblem. Kulturkonformes Verhalten wird bei ihnen leicht zum Leistungs- und Erfolgskriterium Nummer eins. Nichtkulturkonformes Verhalten bedeutet bei ihnen automatisch Fehlleistung oder Mißerfolg, den es zu verhindern gilt. Entrepreneure haben es deshalb in Firmen mit ausgeprägter Unternehmenskultur besonders schwer – selbst dort, wo Unternehmergeist zum erklärten Kulturbestandteil gehört. Es sei denn, daß auch das Recht zum Fehler Bestandteil dieser Kultur ist. Und nicht nur verkündet, sondern auch praktiziert wird.

In den meisten Unternehmen gibt man der überbordenden Bürokratie die Hauptschuld daran, daß die Führungskräfte ihre Unternehmerqualitäten nicht entwickeln und ausspielen können. Die Bürokratie gilt als Hauptfeind des Unternehmers, und man meint, den unternehmerischen Erfolg in der Hand zu haben, wenn man nur die Bürokratie im Griff hat. Der Kampf gegen die Bürokratie bekommt dann in regelmäßig wiederkehrenden Abständen oberste Priorität, er wird zur nicht geheimen Kommandosache erklärt und läuft immer nach dem gleichen Ritual ab: Der Chef eines Unternehmens setzt sich in einer Grundsatzerklärung mit dieser Plage auseinander, geißelt unter dem Beifall der Zuhörer die Auswüchse der innerbetrieblichen Bürokratie, fordert jeden Mitarbeiter auf, bedenkenlos das Schwert zu ziehen, wo immer er dieser Hydra begegnen sollte, und stellt zu guter Letzt noch Prämien in Aussicht für Vorschläge, wie man der Hydra den Kopf abschlagen kann. Bemerkenswerterweise werden nie Prämien für abgeschlagene Köpfe geboten, sondern immer nur für Vorschläge, wie man Köpfe abschlagen kann. Diese Vorschläge müssen dann selbstverständlich noch von einem Abschlagkomitee geprüft werden. Und zum Zeichen, daß der Chef es wirklich ernst meint, kündigt er

auch noch eine genaue Durchforstung aller im Unternehmen geltenden Vorschriften und Richtlinien an mit dem Ziel, die Zahl dieser Regeln auf das absolut notwendige Minimum zu reduzieren. Warum verspricht man bei dieser Gelegenheit immer eine Reduktion auf das absolut notwendige Minimum? Warum legt sich niemand fest und verspricht eine Reduktion um die Hälfte oder um ein Drittel?
Man tut einer hypertrophen Bürokratie zu viel Ehre an, wenn man in ihr die Ursache dafür sucht, daß so wenig unternehmerischer Geist in den Firmen weht. Sie ist nur eine Folgeerscheinung. Nicht die Bürokratie verhindert unternehmerisches Verhalten, sondern der Mangel an unternehmerischem Verhalten schafft Platz für die Bürokratie. Den meisten Managern ist es durchaus ernst damit, wenn sie zum Angriff gegen die Bürokratie blasen. Aber der Erfolg wird dadurch nicht weniger zweifelhaft. Für jeden Kopf der Hydra wird sich in den Abschlagkomitees zumindest ein Anwalt finden, der überzeugend darlegen kann, warum gerade dieser Kopf auf dem Rumpf des Untiers bleiben muß. Und das Versprechen, die geltenden Dienstvorschriften auf das absolut notwendige Minimum zu reduzieren, wird in Gestalt von Minimalreduktionen eingelöst.
Die Bürokratie ist deshalb unausrottbar, weil sie gerade für Manager und Mitarbeiter, die vom Wunsch, Mißerfolg zu vermeiden, angetrieben werden, eine unverzichtbare Schwimmgürtel- und Krückenfunktion hat. Das ist durchaus auch im Interesse des Unternehmens. Das Fehlen dieser Krücke führt nämlich nicht zu größerer, sondern im Gegenteil zu geringerer Produktivität, denn es erhöht die Unsicherheit und damit den Zeitaufwand, den Mitarbeiter benötigen, um auszuloten, was erlaubt ist und was nicht. In die gleiche Kategorie wie der Aufruf zum Kampf gegen die Bürokratie fällt der Ruf nach mehr Mut zum Risiko. Er wird ungehört verhallen, weil niemand der erste sein möchte und bereit ist, das Versuchskaninchen für den versprochenen neuen Geist zu spielen.
Es ist ein Kennzeichen besonders lebendiger Unternehmen, daß es bei ihnen in der Regel positive Kompetenzkonflikte gibt in dem Sinn, daß es dort mehrere ehrgeizige Leute gibt, die sich um ein

und dieselbe Zuständigkeit streiten. Aber auch in sehr lebendigen Unternehmen hat der Ruf nach mehr Risikobereitschaft die Tendenz, einen negativen Kompetenzkonflikt auszulösen. Bei dieser Zuständigkeit überläßt man gerne anderen den Vortritt.

Ist das Fehlen von unternehmerischem Geist eine Mangelkrankheit, die sich zwar diagnostizieren, aber nicht therapieren läßt? Der Fall ist keineswegs hoffnungslos, aber die Therapie ist nicht einfach. Zunächst einmal muß im Rekrutierungs- und Selektionsprozeß bewußt nach Leuten Ausschau gehalten werden, deren wesentliches Handlungsmotiv das Erzielen von Erfolg und nicht das Vermeiden von Mißerfolg ist. Damit ist ein großes Wort gelassen ausgesprochen, so als ob es die einfachste Sache der Welt wäre, zu erkennen, ob ein Kandidat unternehmerische Qualitäten hat oder nicht. Es ist nicht die einfachste Sache der Welt, aber es ist auch nicht Glückssache, wie manche Leute behaupten. Wenn ich wissen möchte, wie es um das unternehmerische Talent eines Managers bestellt ist, versuche ich Antworten auf folgende Fragen zu finden:

1. Wie viele Organisationsänderungen hat ein Manager in seinem Einflußbereich bisher initiiert, und was waren seine Beweggründe dafür?
   Es gibt zwar notorische Reorganisierer, die aus dauernden Organisationsänderungen offensichtlich ihre Daseinsberechtigung als Manager ableiten. Deshalb sind sie noch lange keine Unternehmer. In der Regel ist es aber so, daß Manager, die mit organisatorischen Veränderungen nichts im Sinn haben, über wenig unternehmerische Kraft verfügen.
2. Was hat ein Manager bisher mit Mitarbeitern getan, mit deren Leistung er nicht zufrieden ist?
   Erstaunlich viele Manager behaupten, nie wirklich schwache Mitarbeiter gehabt zu haben, oder finden sich mit schwacher Mitarbeiterleistung ab. Oft erklären Manager auch, daß Versuche, sich von Mitarbeitern zu trennen, auf Grund einer starken Betriebsratsposition oder wegen der speziellen Firmenkultur sinnlos wären. Unternehmerische Typen neigen dazu, solche Widerstände nicht kampflos hinzunehmen, und finden sehr oft einen Weg, sie zu überwinden.

3. Wie oft hat ein Manager in seiner bisherigen Laufbahn einen Organisationsvorschlag, eine Idee usw. nicht nur an seinen unmittelbaren Vorgesetzten herangetragen, sondern ist im Fall einer Ablehnung damit auch höher hinaufgegangen? Welche Vorschläge und Ideen waren das, und was ist letztlich aus ihnen geworden?
   Unternehmerische Manager geben sich mit einem »Nein« ihres Chefs nicht zufrieden, wenn sie eine Idee verfolgen. Und mindestens ebenso wichtig: Manager mit unternehmerischem Talent haben verwirklichbare Ideen. Es beeindruckt mich überhaupt nicht, wenn mir ein Manager erklärt, daß er mit zehn Ideen bis zur Unternehmensspitze vorgedrungen ist, von denen aber keine verwirklicht wurde. Die Schuld daran hat natürlich die Unternehmensspitze.

Es war vorhin vom Kampf gegen die Bürokratie die Rede. Auch wenn ich an den Erfolg von Aufforderungen an die Mitarbeiter, Vorschläge zum Bürokratieabbau zu machen, nicht recht glaube, so schafft eine solche Aufforderung ein interessantes Nebenprodukt: Sie gibt dem Management Gelegenheit, die Mitarbeiter besser kennenzulernen. Und zwar dadurch, daß man beobachtet, was Mitarbeiter für ein bürokratisches Hemmnis halten und welche Hemmnisse sie bevorzugt aufs Korn nehmen.

Da gibt es einmal die Gruppe von Mitarbeitern, die ihr ganzes Interesse und ihre ganze Kreativität dem Abbau solcher Regeln widmet, die ihre persönliche materielle Situation betreffen. Ein glaubhafter Antibürokrat ist für sie nur der, der ihnen ein von den Regeln abweichendes höheres Taggeld bewilligt oder der ihre Kinder, obwohl sie schon das dafür vorgesehene Alterslimit überschritten haben, noch am Sozialplan des Unternehmens partizipieren läßt. Was als Kampf gegen die Bürokratie gemeint war, wird zur Darstellung der eigenen Selbstbedienungsmentalität. Diese Mentalität findet sich durchaus auch in höheren Etagen. Da wird halt dann unter dem Titel Bürokratieabbau für einen hubraumstärkeren Dienstwagen als vorgesehen argumentiert.

Es gibt aber auch eine andere Gruppe von Mitarbeitern. Sie versteht den Kampf gegen die Bürokratie nicht als Chance, sich selbst zu bedienen, sondern als Aufforderung, Regeln, die die Produktivität der Abteilung oder des Unternehmens hemmen, zu vereinfachen oder zu beseitigen. Mitarbeiter mit unternehmerischem Potential gehören nie zur ersten Gruppe, sondern zur zweiten. Allerdings nicht ganz lupenrein. Hin und wieder ein Vorschlag in eigener Sache ist durchaus nicht unter der Würde eines Entrepreneurs. Wer erfolgsorientiert ist, hat auch seinen eigenen Erfolg im Auge!

Das Rekrutieren von unternehmerischen Managern ist eine therapeutische Maßnahme, die unbedingt durch eine zweite ergänzt werden muß: durch die Schaffung eines unternehmerischen Klimas, das das Recht zum Fehler als unternehmerisches Vorrecht gelten läßt. Der primäre Daseinszweck eines Unternehmens besteht sicher nicht darin, Testgelände für Frustrations- und Fehlertoleranz zu sein, und es gibt in jedem Unternehmen Bereiche und Abläufe, bei denen das Null-Fehler-Prinzip zu gelten hat. Diese Null-Fehler-Liste ist aber nicht so lang, wie vielfach angenommen, und sie ist vor allem definierbar. Was tut zum Beispiel das amerikanische Unternehmen Gore?

Gore ist ein sehr rasch wachsendes, erfolgreiches Unternehmen auf dem Gebiet der Medizintechnik, das durch die Erfindung einer künstlichen Haut, die alle Eigenschaften einer natürlichen Haut hat, allgemein bekannt geworden ist. Dieses Unternehmen geht viele unkonventionelle Wege. Unter anderem kommt man bei Gore ohne unternehmensinterne Titel aus. Das ist zwar phantasievoll, aber noch keine unternehmerische Großtat. Eine unternehmenskulturelle Großtat ist es allerdings, daß sich dieses Unternehmen die Mühe macht, die Null-Fehler-Bereiche zu definieren. Bei Gore nennt man das die »Waterline«. Treffer unterhalb dieser Wasserlinie, die als irreparabel gelten, dürfen Mitarbeitern nicht passieren. Schäden, die durch Treffer entstehen, die oberhalb dieser Linie einschlagen, gelten als sanierungsfähig, und die Schützen haben ein Anrecht auf Pardon.

Natürlich machen auch bei Gore nicht die Leute Karriere, die ihre Geschütze vorzugsweise auf die eigenen Schiffe richten und nur darauf achten, keine Unterwassertorpedos abzufeuern. Aber durch die Definition dieser »Waterline« ist ein wichtiger Schritt getan, Fehlertoleranz glaubhaft zu machen. So kann die Angst vor

dem Fehler und die Sehnsucht nach Absicherung verringert werden.
Wenn es stimmt, daß auch erfolgreiche Unternehmen in der Vergangenheit nicht genug getan haben, um bewußt Manager mit Unternehmertalent zu rekrutieren oder bei den Managern und Mitarbeitern Initiative und Unternehmungsgeist zu stimulieren, dann erhebt sich die Frage, ob Unternehmen nicht auch ohne diesen unternehmerischen Geist ganz gut leben können, sofern sie diesen Mangel durch andere Tugenden ihrer Manager substituieren können. Die Unternehmensberatungsfirma Arthur D. Little hat in einer großangelegten Untersuchung festgestellt, daß 90 Prozent aller Führungskräfte von einer stark wachsenden Bedeutung der Innovationsfähigkeit von Unternehmen überzeugt sind. Wenn diese Vorhersage zutrifft – es gibt wenige vernünftige Zweifel daran –, dann können die Manager der Zukunft ihr nur gerecht werden, wenn ihre eigene unternehmerische Begabung zunimmt. Innovationen können nur von unternehmerisch handelnden Menschen kommen.

Der Manager der Zukunft braucht zwei Management-Informationssysteme: eines für »harte«, ein zweites für »weiche« Daten und Informationen

Einer meiner Kollegen aus der Executive-Search-Branche hatte vor Jahren einmal einen Termin bei dem Inhaber eines mittelgroßen Unternehmens. Mein Kollege tat sein Bestes, um seinen Gesprächspartner von den Vorzügen des Executive Search zu überzeugen, und der Firmeninhaber schien auch tatsächlich interessiert zu sein. Jedenfalls fragte er den Berater nach allen Regeln der Kunst aus. So kam das Gespräch auch auf die internationale Erfahrung des Beraters. Meinem Kollegen, der damals noch sehr jung und neu im Geschäft war und kaum Erfahrung mit Direktsuche auf internationaler Ebene hatte, wurde leicht mulmig zumute. Aber er redete drauflos, um sein Manko zu kaschieren, was ihm seiner Ansicht nach auch gut gelang. Da hörte er plötzlich ein leises Knurren aus der Richtung seines Gesprächspartners. Er sprach aber weiter, ohne sich darum viel zu kümmern. Das Knurren wurde lauter, mein Kollege wurde unruhig, und plötzlich kam über der Schreibtischplatte neben dem Sessel des Firmeninhabers ein wahrhaft schwarzes Ungetüm zum Vorschein, das sich als riesiger Hund entpuppte. Als mein Kollege nun ziemlich irritiert seinen Redefluß unterbrach, begann sein Gegenüber den Hund zu kraulen und sagte: »Das ist mein Lügendetektor. Auf den kann ich mich hundertprozentig verlassen!« Das Gespräch ging dann noch einige Minuten mehr recht als schlecht weiter. Einen Suchauftrag von dieser Firma hat der Berater nie erhalten.

Wenige Manager haben das Glück, ein Informationssystem in dieser Gestalt zu haben. Noch dazu eines, das nicht nur Signale liefert, sondern gleichzeitig auch Entscheidungsempfehlungen abgibt. Die meisten Manager müssen sich ihr Informationssystem selbst hart erarbeiten oder hart erarbeiten lassen. Zumindest das, das Fakten, harte Informationen oder Zahlen betrifft. Und soweit es weiche Informationen angeht, können sie nicht knurren lassen, sondern müssen gefälligst selbst wissen, wann sie zu knurren haben.

Wer über die letzten zwanzig Jahre die Managementliteratur und die Entwicklung der Anforderungsprofile an Manager verfolgt hat, dem wird eines auffallen: der Trend weg von der Information und hin zur Intuition. In den sechziger Jahren bis weit hinein in die Mitte der siebziger Jahre galt die Qualität der Managemententscheidung ausschließlich als Funktion der Qualität der zur Verfügung stehenden Informationen. Manager, die sich auf ihr Gefühl oder auf ihre Nase verlassen haben, galten als altmodisch, rückständig und nicht auf der Höhe der Zeit. Intuition war kein Qualifikationskriterium. Heute ist das anders. Intuition ist im Managervokabular nicht nur kein negativ besetzter Begriff mehr, sondern nimmt auf der Managementwerteskala einen hervorragenden Rang ein. Und es gibt heute keine grundsätzliche Abhandlung zum Thema Managementqualität, die ohne den Hinweis auf die Bedeutung der Intuition auskäme. Dagegen ist nichts einzuwenden, solange damit nicht eine Abwertung der Managementfähigkeit, objektivierbare Daten und Informationen zu sammeln und auszuwerten, verbunden ist.

Ich habe nicht die Absicht, hier auf die Bedeutung des Management-Informationssystems im traditionellen Sinn für den Manager von heute und morgen näher einzugehen. Nur so viel möchte ich sagen: Eine moderne Unternehmensführung ist ohne ein hochentwickeltes, computerisiertes Informationssystem nicht möglich. Es muß ein Unternehmensziel sein, alle Mitarbeiter mit den Segnungen der automatisierten Informationsverarbeitung vertraut zu machen. Ich kenne einen Generaldirektor, der den Mitarbeitern seines Unternehmens erlaubt, im Firmeneigentum stehende Personalcomputer übers Wochenende nach Hause mitzunehmen, um durch Üben und auch durch Spielen mit dem Gerät vertraut zu werden und daran Freude zu finden. Solche Ideen sollten weite Verbreitung finden.

Aber ich möchte nicht weiter über ein Management-Informationssystem sprechen, zu dessen wesentlichen Zutaten Bildschirme, Drucker und Listen zählen. Ich möchte über ein Management-Informationssystem sprechen, dessen wesentliche Hardware aus Augen, Ohren, Fingerspitzen und Barthaaren eines Managers besteht, deren er sich wie eine Katze im Dunkeln bedient. Man könnte dieses System auch Management-Intuitionssystem nennen.

Was ist Intuition eigentlich, und warum ist sie im heutigen Managerleben so wichtig? Bei einer Diskussion zu diesem Thema habe ich einmal einen Manager sagen hören, daß das, was man heute hochtrabend »Intuition« nennen würde, in der Vergangenheit schlicht als »gesunder Hausverstand« bezeichnet worden wäre. Intuition von heute sei nichts anderes als gesunder Hausverstand von gestern. Niemand kann in Abrede stellen, daß der gesunde Hausverstand immer eine wichtige und manchmal eine lebensnotwendige Managementqualität ist, und niemand kann bestreiten, daß Intuition auch mit Urteilsvermögen zu tun hat. Dennoch sind es zwei unterschiedliche Managementfähigkeiten.

Intuition setzt sich aus mehreren Fähigkeiten zusammen, wobei diese Fähigkeiten Information und Interpretation von Information als gemeinsamen Nenner haben. Zunächst ist es die Fähigkeit, in der Überfülle lauter und eindeutiger Signale auch vage und leise Töne wahrzunehmen, zu speichern und zum richtigen Zeitpunkt abzurufen und zu interpretieren. Zum zweiten ist es die Fähigkeit, mit widersprüchlichen Fakten und Informationen fertig zu werden und diese Widersprüche aufzulösen. Und drittens gehört dazu die Fähigkeit, zu einer eben erhaltenen Information blitzschnell früher erhaltene und gespeicherte Informationen abzurufen und sie wie ein Puzzle zusammenzusetzen. Der intuitive Manager hört, wo andere nicht mehr hören, er sieht, wo andere noch nicht sehen, und er fühlt, wo andere nichts fühlen.

John Naisbitt vertritt in seinem Buch »Megatrends des Arbeitsplatzes« den Standpunkt, daß die Bedeutung der Intuition für den Manager eine direkte Folge des Überangebotes an Information sei. Ob dieser Logik sind Bedenken durchaus angebracht. Die Bedeutung der Intuition kann nicht darin liegen, angesichts eines vor lauter Computerlisten und Berichten übervollen Schreibti-

sches den ganzen »Kram« mit einer Armbewegung vom Schreibtisch zu fegen und sich auf seine Nase zu verlassen. Das würde ich Kapitulation und nicht Intuition nennen. Unsere Intuition suggeriert uns zwar manchmal, vagen und weichen Informationen mehr Augenmerk zu schenken als Fakten und harten Daten, und oft brauchen wir sie, weil wir über nicht genügend Fakten und harte Daten verfügen. Aber daß die Bedeutung der Intuition für das Management vom Ausmaß des Überflusses an harten Informationen abhängig sein sollte, das vermag nicht einzuleuchten. Die zunehmende Bedeutung der Intuition hat mit der zunehmenden Komplexität der Managementprobleme zu tun. Die Geschwindigkeit, mit der diese Komplexität zunimmt, ist größer als die Geschwindigkeit, mit der unsere Fähigkeit wächst, Fakten und objektivierbare Informationen zu schaffen.
Das österreichische Wirtschaftsforum der Führungskräfte hat gemeinsam mit dem Wirtschaftsmagazin »Option« unter Führungskräften eine Umfrage über den Manager von morgen gemacht. In dieser Untersuchung fand sich auch die Frage: »Kommt eine neue Einfachheit anstatt des hochentwickelten, komplexen, aber mechanistischen Management-Denkens?« 56 Prozent der befragten Manager haben darauf mit »Ja« geantwortet. Und auf die Frage: »Wie sieht Ihrer Meinung nach das Anforderungsprofil einer Führungskraft von morgen aus?« wurden in erster Linie folgende Begriffe genannt: Generalist und Psychologe, Renaissance-Mensch, ganzheitliches Denken, da Vinci, Faust. Ich bin nicht sicher, ob Goethe seinen Doktor Faustus als Prototyp einer neuen Einfachheit konzipiert hat!
Es ist ein Irrtum zu glauben, daß nur mechanistische Managementsysteme hochentwickelt und komplex sein können und daß alles, was nicht mechanistisch ist, einfach sein muß. Es wird keine neue Einfachheit im Management der Zukunft geben. Der Glaube an die Überlegenheit eines rein mechanistischen Managementsystems ist zwar zu Recht im Schwinden begriffen, aber das nichtmechanistische Managementsystem, das an seine Stelle tritt, wird ebenso komplex und hochentwickelt sein. Zum Schauplatz Computer kommt noch ein weiterer Schauplatz: das Gehirn.
Ich habe einmal einen Chef gehabt, der, von der Ausbildung her

EDV-Techniker, ein Meister des »Management by Intuition« war, und es ist mir des öfteren passiert, daß ich von ihm bei einer Diskussion über eine anstehende Managemententscheidung mit den Worten »Don't confuse me with facts. I have made up my mind« unterbrochen wurde. Objektive Fakten und Informationen interessierten ihn nicht mehr, sobald ihm seine weichen Informationen und seine hochentwickelte Fähigkeit, sie zu verarbeiten, den Weg für eine Entscheidung gewiesen hatten.

Warum schafft es der eine Manager, auf Grund vager und oft widersprüchlicher Informationen zu einer Entscheidung zu kommen, während ein anderer nicht genug bekommen kann von Listen, Statistiken, Stabsempfehlungen und färbigen Schaubildern und Diagrammen? Und wenn sich darin ein Widerspruch findet, so lange weiterarbeitet oder weiterarbeiten läßt, bis diese Widersprüche ausgebügelt sind? Gibt es bestimmte charakteristische Eigenschaften des Managers mit intuitiver Begabung?

An erster Stelle würde ich wohl das Faktum nennen, daß sich intuitive Manager mehr für Menschen interessieren als ihre Kollegen mit einer geringeren intuitiven Begabung. Und zwar durchaus nicht nur in dem Sinn, daß ihnen das Wohlergehen und die Zufriedenheit ihrer Mitmenschen ein besonderes Anliegen ist. Auch wer sich vor allem deshalb für Menschen interessiert, weil er durch sie etwas erreichen und sie auch manipulieren möchte, bringt gute Voraussetzungen für intuitive Fähigkeiten mit. Wer an Menschen interessiert ist, hört in sie hinein, hört Zwischentöne heraus, kann mit scharfem Blick beobachten und sieht Dinge, die »in der Luft liegen«.

Ein weiteres Erkennungsmerkmal des intuitiven Managers ist seine Neugierde. Ihn interessiert nicht nur, was in seiner Abteilung oder seiner Division vorgeht, sondern er weiß über das gesamte Unternehmen Bescheid. Tratsch ist für ihn kein vorrangiges Informationsziel, aber er betrachtet Tratsch als nicht zu verachtendes Nebenprodukt und filtert heraus, was er für wissens- und speichernswert hält. Eng mit dieser Neugierde verknüpft ist das Streben des intuitiven Managers, sich ein Informationssystem unabhängig von der Logik des Organigramms aufzubauen. Solche Manager fühlen sich in ihrer Kommunikation nicht an die »Chain of Command« gebunden, und sie überspringen geradezu selbstverständlich hierarchische Barrieren. Nach unten gelingt das ohnehin unbeschränkt, zur Seite meistens, nur nach oben wird es manchmal schwierig, weil man nicht Herr über die Verfügbarkeit von Vorgesetzten ist. Aber in der Regel sagt einem die eigene Intuition, welche der Damen und Herren weiter oben selbst für ein informelles Management-Informationssystem empfänglich sind. Manager mit intuitiver Begabung sind auch keine »Completed-staff-work-Fetischisten«, die nur dann willens sind, mit ihren Mitarbeitern ein Problem zu erörtern, wenn die Mitarbeiter ihre Hausaufgaben bereits hundertprozentig gemacht haben. Führungskräfte mit intuitiven Fähigkeiten sind von Zeit zu Zeit durchaus bereit, mit Mitarbeitern auch Probleme zu diskutieren, die diese noch nicht voll durchgedacht haben. Es sind gerade diese Diskussionen, in denen sie die Denkprozesse ihrer Mitarbeiter begreifen lernen, wo sich Bilder über mögliche Alternativen formen können und sich Eindrücke über Chancen, Schwierigkeiten und Mitarbeitervorlieben prägen.

Nicht jeder Manager mit intuitiver Begabung kann diese Begabung auch unternehmerisch umsetzen, weil er nicht das Selbstbewußtsein hat, seiner Intuition und seinem Urteilsvermögen zu trauen. Es sind gerade die schwächeren Manager, die sich bei der Personalauswahl an sogenannte objektivierbare Daten, wie zum Beispiel Testergebnisse, klammern. Da kann der persönliche Eindruck, den der Kandidat auf den Manager macht, noch so gut sein. Wenn der Test schlecht ausgefallen ist, dann wird der schwache Manager dem Testergebnis mehr Vertrauen schenken als seinem persönlichen Urteil. Starke und selbstsichere Manager sind eher bereit, das Risiko auf sich zu nehmen, sich auf ihr Sensorium und auf ihren Instinkt zu verlassen. Welcher entscheidungsschwache Manager hätte schon den Mut, Entscheidungen nach der Devise »Don't confuse me with facts, I have made up my mind« zu fällen?

Die soziale Intelligenz des Managers ist so wichtig wie seine analytische Intelligenz

Unter den Managern von heute gibt es sehr unterschiedliche Auffassungen über das Anforderungsprofil des Managers von morgen. Der eine schwört auf Internationalität, ein anderer sieht die Public-Relations-Aufgabe des Managers der Zukunft nicht, ein dritter hält die Fähigkeit zu strategischem Denken für die entscheidende Aufgabe des Managers der Zukunft, und einem vierten erscheinen die Tugenden des Fleißes, der Genauigkeit und der Loyalität nach wie vor als die Eigenschaften, auf die es vor allen anderen ankommt. Nur eine Managerqualität steht außerhalb jeder Diskussion: die Intelligenz.

Sie ist als Qualifikationsmerkmal so unangefochten, daß es kaum jemand für notwendig erachtet, sie in einem schriftlich fixierten Anforderungsprofil anzuführen. Daß ein Manager intelligent ist, gilt als genauso selbstverständlich, wie daß er seine Muttersprache beherrscht.

Wenn von Intelligenz die Rede ist, dann ist damit meistens die analytische Intelligenz gemeint – die Fähigkeit, logisch und kritisch zu denken. Seitdem man aus der Hirnforschung weiß, daß die linke Hälfte des Gehirns Sitz dieser analytischen Intelligenz ist, während in der rechten Gehirnhälfte eine andere Form der Intelligenz, die musisch-kreative Intelligenz ihr Zuhause hat, ist die analytische Intelligenz etwas ins Gerede gekommen. Dem Bildungs- und Erziehungssystem wirft man vor, das Training der linken Gehirnhälfte zu forcieren und die musisch-kreative Intelligenz zu vernachlässigen. Diese einseitige Entwicklung der analytischen Intelligenz macht man für alle möglichen Schlechtigkeiten in der Welt verantwortlich, hält sie zum Teil für ein geradezu

gefährliches Bildungsziel und plädiert dafür, dieses Ziel zugunsten anderer Bildungsziele zu vernachlässigen.
Daß die Wirtschaft der Zukunft viel mit Managern wird anfangen können, die über eine geringer entwickelte kritische und analytische Intelligenz verfügen, ist so gut wie ausgeschlossen. Ganz im Gegenteil. Die zunehmende Technisierung der Welt, die immer größer werdende Geschwindigkeit, mit der sich Änderungen vollziehen, und die wachsende Intensität der Verflechtungen von gesellschaftlichen, wirtschaftlichen und sozialen Prozessen verlangt zunächst einmal ein Mehr an analytischer Intelligenz. Schließlich ist auch für eine Abschätzung von Technologiefolgen in erster Linie viel analytische Intelligenz vonnöten.
Es gehört zu den offensichtlich unausrottbaren Klischeevorstellungen, die nicht nur in Stammtischrunden überaus populär sind, daß die Menschen immer dümmer werden. Dabei ist das Gegenteil der Fall. Die analytische Intelligenz der Weltbevölkerung nimmt zu. Rascher in den Entwicklungsländern und den Schwellenländern, weil sich dort vergleichsweise leicht erzielbare Verbesserungen des Schulsystems stärker auswirken. Aber auch in den industrialisierten Ländern wächst die Intelligenz, wenn auch langsamer. Das belegen Langzeitforschungen, die in vierzehn Ländern durchgeführt wurden. Allerdings ist zu befürchten, daß die Anforderungen, die die Zukunft an diese Intelligenz stellt, schneller wachsen, als es die Intelligenz tut. Das wird deutlich am bereits heute bestehenden Ungleichgewicht am Arbeitsmarkt. Einer relativ großen Zahl von Arbeitslosen mit einem niedrigen Ausbildungsniveau und einer Berufserfahrung, die von geringer Anforderung an die analytische Intelligenz geprägt ist, steht eine große Zahl freier Stellen gegenüber, die ein vergleichsweise hohes Ausbildungsniveau und eine permanent trainierte Intelligenz verlangen. In erster Linie ist das ein Problem der ungelernten Arbeiter und der Hilfsarbeiter. Aber auch in Managementetagen ist man gegen diese Probleme keineswegs immun. Die Zahl der Führungskräfte, die in oft jahrzehntelanger Routine erstarrt sind und deren Denkfähigkeit dabei verkümmert ist, nimmt zu. In ihrer bisherigen Tätigkeit sind sie obsolet geworden, und für eine neue

Tätigkeit fehlt ihnen Sachverstand, Flexibilität und die Fähigkeit, Neues zu lernen.
Nun ist Führungstalent nicht ausschließlich eine Frage der analytischen Intelligenz. Techniker und Naturwissenschaftler verfügen darüber in der Regel in einem auffallend hohen Ausmaß. Und dennoch ist gerade unter ihnen die Zahl derer groß, die als Manager Führungsprobleme haben; größer jedenfalls als unter den Führungskräften, die eine vom Niveau her vergleichbare nichttechnische Ausbildung haben. Das hat mehrere Ursachen.
Zunächst einmal sind viele Ingenieure und Naturwissenschaftler keine »Mundwerksburschen«. Wer daran gewöhnt ist, die zwingende Logik von Naturgesetzen und die Unbestechlichkeit exakter Forschungsergebnisse für sich sprechen zu lassen, der neigt leicht dazu, die Sprache als Mittel der Überzeugung zu unterschätzen. In einer Zeit aber, in der Kommunikationsfähigkeit zu einem so unverzichtbaren Führungsinstrument geworden ist, bedeutet ein vergleichsweise geringes Sensorium für die Macht der Sprache ein echtes Handikap. Wohl hängt damit auch eine gewisse Kontaktscheu zusammen, die man gerade bei Naturwissenschaftlern vielfach finden kann. Sie hinterläßt oft den Eindruck einer sehr sympathischen und menschlich angenehmen Zurückhaltung, aber leider auch den der Ungeschicklichkeit und mangelnden Gewandtheit. Es kommt jedenfalls nicht von ungefähr, daß man wenige Verkäufer mit einer naturwissenschaftlich-technischen Ausbildung findet. Und in die Politik drängt es Techniker auch nicht gerade.
Aber der Hauptgrund dafür, daß gerade viele Techniker Führungsprobleme haben, liegt darin, daß sie eher von Sachen als von Menschen fasziniert sind. Wer ein stärkeres Interesse an Sachen als an Menschen hat, der tut sich schwer im Erkennen menschlicher Motivstrukturen und übersieht leicht zwischenmenschliche Konflikte. Und wenn er sie wahrnimmt, dann behandelt er sie als eine höchst lästige Angelegenheit, die einen »von der wirklichen Arbeit abhalten«.
Ich möchte nicht falsch verstanden werden. Selbstverständlich fällt mir spontan eine Reihe von Managern mit technisch-naturwissenschaftlicher Ausbildung ein, die brillante Kommunikatoren

sind und eine ausgeprägte Sensibilität für die Motivationsstruktur ihrer Mitarbeiter haben. Und ebenso spontan könnte ich eine Reihe von Managern mit einer wirtschaftlich-kaufmännischen Ausbildung nennen, die auf diesen Gebieten über große Defizite verfügen. Was ich hier zu beschreiben versucht habe, ist eine Tendenz, und die kann nicht für sich in Anspruch nehmen, für jeden Einzelfall zu gelten.

Es fällt jedenfalls auf, daß der Anteil von Managern mit einer technischen Ausbildung in Vorstands- und Geschäftsführerpositionen nicht so hoch ist, wie es ihrer gesamten Anzahl nach zu erwarten wäre. Und noch viel seltener spielen sie dort wirklich die erste Geige. Selbst in High-Tech-Unternehmen geben in der Regel Nichttechniker den Ton an. Allerdings braucht die Wirtschaft der Zukunft wieder mehr Techniker in Spitzenpositionen, und ich halte es für eine der spannendsten und wichtigsten Rekrutierungsaufgaben der Zukunft, Manager mit einem technisch-naturwissenschaftlichen Background ausfindig zu machen, die neben der analytischen Intelligenz auch über eine zweite Form der Intelligenz verfügen, für die sich der Begriff »soziale Intelligenz« eingebürgert hat. Das ist übrigens generell kein Talent, das unter Managern in Hülle und Fülle vorhanden wäre.

Was ist unter dem Begriff der sozialen Intelligenz zu verstehen? Ich verstehe darunter eine Reihe von Fähigkeiten:

1. Die Fähigkeit, die Gefühle anderer zu erfassen und richtig zu deuten.
2. Die Fähigkeit, sich in die Schuhe eines anderen hineinzuversetzen.
3. Die Fähigkeit abzuschätzen, was einem anderen zumutbar ist.
4. Die Fähigkeit, sich situationsgerecht zu verhalten.
5. Die Fähigkeit, durch das Mittel der Kommunikation eine für die eigenen Anliegen bestmögliche Atmosphäre zu schaffen.

Bei den Erklärungen dazu möchte ich mit dem letzten Punkt beginnen.

An der juridischen Fakultät der Universität Wien gab es in den sechziger Jahren einen Professor, der bei den Studenten als strenger Prüfer bekannt war. Manche von ihnen wußten auch, daß er tief religiös und praktizierender Katholik war. Eines Tages hatte ein Studienkollege von mir bei diesem Professor Rigorosumtermin. Natürlich erscheint er schon eine Viertelstunde vor der festgesetzten Zeit und wartet vor dem Prüfungssaal, nervös auf und ab gehend, auf den Prüfer. Da kommt der Professor, nickt dem Kandidaten kurz zu und lädt ihn mit einer Armbewegung ein, mit ihm den Prüfungssaal zu betreten. Mitten in der Bewegung hält er plötzlich inne, blickt auf die Uhr und sagt dann: »Ich sehe, ich bin fünf Minuten zu früh. Wenn Sie wollen, Herr Kollege, können Sie ruhig noch eine Zigarette rauchen!« Darauf antwortet der Prüfling wie aus der Pistole geschossen: »Aber Herr Professor, ich werde doch in der Fastenzeit nicht rauchen!« Ich brauche nicht zu betonen, daß die anschließende Prüfung in einer höchst angenehmen Atmosphäre über die Bühne gegangen ist.

Als ich diese Geschichte zum erstenmal gehört habe, habe ich sie für ein Prachtbeispiel an Cleverness und Schlagfertigkeit gehalten. Der Ausdruck »soziale Intelligenz« war mir damals nicht geläufig. Heute halte ich die Geschichte für ein Prachtbeispiel einer Facette der sozialen Intelligenz. Nämlich der Fähigkeit, durch das Mittel der Kommunikation eine positive Atmosphäre zu schaffen. Der junge Mann hat nicht nur einfach seine Schlagfertigkeit demonstriert. Er hat im Bruchteil einer Sekunde aus seinem Gedächtnis die Information abgerufen, daß sein Prüfer praktizierender Christ ist, und diese Information in idealer Form eingesetzt. Dieses kleine Beispiel zeigt bereits ein besonderes Charakteristikum der sozialen Intelligenz: das Interesse für andere Menschen. Viele Studenten hatten damals die Möglichkeit, die Information über die tiefe Religiosität ihres Professors aufzuschnappen. Aber mangels Neugierde werden nur wenige sie gespeichert haben.

Sehr erfolgreiche Firmen halten in ihren Verkäuferschulungen die Verkaufsrepräsentanten dazu an, sich intensiv über die Person ihres Kunden zu informieren. Da lernen die Verkäufer nicht nur, wie man am besten zu Terminen bei an sich unwilligen Kunden kommt, wo die Vor- und Nachteile des eigenen Produktes im Vergleich zum Konkurrenzprodukt liegen, wie man die Vorzüge des Produktes ins rechte Licht rückt und wie man die Schwächen ohne Verlust an Glaubwürdigkeit kaschiert. Die Verkäufer lernen auch, sich ganz gezielt über die Privatinteressen ihrer Klienten zu informieren. Welchen Sport sie mögen, ob sie Wochenendhäuser besitzen, ob sie sich kulturell, politisch oder sozial engagieren, wie viele Kinder sie haben und dergleichen mehr. Wer je einmal im Verkauf tätig gewesen ist, weiß, wie wichtig bei Verkaufsgesprächen die Gesprächsatmosphäre ist. Und viele Verkäufer haben schon sehr viele leere Kilometer zurückgelegt, obwohl sie ein Top-Produkt zu einem sehr günstigen Preis mit sich führten. Sie waren nur nicht imstande, im Gespräch ein Klima der Sympathie und des Vertrauens zu schaffen.

Als Recruiter bei IBM habe ich vor fast zwanzig Jahren einen frischgebackenen Absolventen einer Universität interviewt. Im Gespräch machte er einen sehr aufgeweckten Eindruck, er hatte ein gutes Auftreten, verfügte über ein wie man so schön sagt »gewinnendes Äußeres«, und das Studium hatte er auch in einer sehr guten Zeit hinter sich gebracht. Nach einem ungefähr halbstündigen Gespräch war ich der Überzeugung, einen durchaus erfolgversprechenden Sales-Trainee vor mir zu haben. Bis ich ihn nach seinen Hobbys gefragt habe. Seine Antwort hätte nicht kürzer und präziser ausfallen können. Er sagte nur: »Frauen.« In dem Augenblick war der Mann für mich als zukünftiger IBMer »gestorben«. Nicht so sehr aus moralischen Gründen oder gar aus professionellen – es gibt Untersuchungen, die belegen, daß erfolgreiche Verkäufer sich unter anderem mehr für Autos und das weibliche Geschlecht interessieren als ihre weniger erfolgreichen Kollegen –, sondern einzig und allein deswegen, weil der Bewerber bei seiner Antwort offensichtlich keine Sekunde darüber nachgedacht hat, welche Reaktion sie auslösen könnte. Er hat sich nicht situationsgerecht verhalten. Es ist höchst unpassend und zeugt nicht von großer sozialer Intelligenz, jemanden, den man erst seit dreißig Minuten kennt, einen solchen Einblick in sein Innerstes zu geben. Und dabei überhaupt keine Rücksicht auf die eventuelle Reaktion und Betroffenheit seines Gesprächspartners zu nehmen. Man stelle sich vor, dieser junge Mann würde in einem Verkaufsgespräch an einem schönen Freitagnachmittag dem vorhin zitierten Universitätsprofessor gegenübersitzen, und der Professor würde ihn gutgelaunt fragen, was er denn fürs Wochenende vorhabe. Wie toll auch immer das Produkt sein mag, das der

Verkäufer anzubieten hat, und wie sensationell auch immer dessen Preis, so steht zu erwarten, daß der Professor nach einer solchen Antwort auf weitere Gespräche mit dem Verkaufsberater dankend verzichtet.

Es war jetzt recht viel von Verkäufern die Rede und wenig von Managern. Wer das für einen Nachteil hält, übersieht, daß Managementtätigkeit heute zum Gutteil »Verkaufstätigkeit« ist. Da müssen Mitarbeiter überzeugt werden, da muß mit Betriebsräten und Gewerkschaften verhandelt werden, mit Ministerien in Umweltfragen, da braucht man für vieles die Zustimmung von Kollegen, und da muß man sich den Medien stellen. Und schließlich soll kein Manager sagen, daß er sich nicht bemühen würde, seinen Vorgesetzten tagtäglich etwas zu verkaufen. Nicht zuletzt sich selbst.

Wir alle kennen Führungskräfte, die sich durch exzellenten Sachverstand und großartiges Expertenwissen auszeichnen, denen wir aber für Verhandlungen, bei denen es hart auf hart geht, nur höchst ungern die Letztverantwortung übertragen würden. In fast jedem Managementteam findet sich einer, der mit Vorliebe die falschen Dinge zum falschen Zeitpunkt sagt. Und die Manager, die jedes sachliche Gegenargument prinzipiell persönlich nehmen und in Erwartung eingebildeter persönlicher Angriffe beim Austeilen persönlicher Ohrfeigen eine Art Erstschlagtechnik entwickelt haben und sich damit oft ihre eigenen Ideen und Vorschläge kaputt machen, sind uns auch allen bekannt. Für all dies ist auch ein Defizit an sozialer Intelligenz verantwortlich.

Der schwerwiegendste Mangel an sozialer Managerintelligenz besteht aber darin, kein Sensorium für Gefühle und Stimmungen von Gesprächspartnern zu haben. Der bekannte amerikanische Psychologe Carl Rogers meint, daß dieses Sensorium am stärksten bei Menschen ausgeprägt sei, die drei Voraussetzungen mitbringen: Sie haben ein echtes Interesse an ihrem Gesprächspartner, sie belegen dieses Interesse unter anderem dadurch, daß sie ihm wirklich zuhören, und sie sind selbst authentisch in dem Sinn, daß sie ihre eigenen Gefühle nicht verbergen. Nach Rogers sind das auch die Vorbedingungen für eine gute Kommunikation.

Es kann kein Zweifel daran bestehen, daß es einen direkten Zusammenhang zwischen dem Interesse an Personen und der Fähigkeit, Gefühle zu erkennen, gibt. Da ich nie sehr viel von einer idealisierten Darstellung der Managementfunktion gehalten habe, möchte ich aber auf ein besonderes Charakteristikum dieses Interesses in der Unternehmensführung hinweisen. Es ist eher beobachtend als mitfühlend. Die Neugierde steht im Vordergrund, gekoppelt mit dem instinktiven Wissen, daß sich sachliche und auch persönliche Ziele um so eher verwirklichen lassen, je besser man die Gefühle und Blockaden anderer versteht und mit ihnen umgehen kann.

Ich habe in meinem bisherigen Berufsleben viel Glück gehabt. Unter anderem das Glück, von einer Reihe wirklich famoser Manager viel lernen zu können. Einen von ihnen habe ich wegen seines Verhandlungsgeschickes besonders bewundert. Einmal hat er mir sein System erklärt. Er würde zunächst immer in die Rolle seines Gegenübers schlüpfen und sich fragen, was er erreichen wollte, säße er selbst an dessen Stelle. Damit würde er zunächst einmal wissen, wie weit er ***nicht*** gehen darf. Als nächstes würde er überlegen, was er sich an Stelle seines Gesprächspartners zumuten ließe. Von dem würde er noch einmal 20 Prozent abziehen, und damit wäre sein Verhandlungsziel definiert.

Ich bin nicht sicher, ob er diese einzelnen Schritte wirklich im vorhinein so rational durchkalkuliert hat oder ob das nicht doch ein vom Instinkt geleiteter Prozeß war, der sich in Sekundenschnelle abgespielt hat. Sehr oft haben gerade Manager das Verlangen, Entscheidungen, die ihrer sozialen Intelligenz oder ihrem Instinkt entsprungen sind, mit analytischer Intelligenz aufzuarbeiten und zu begründen. Und ich bin noch weniger sicher, ob sich dieser Manager wirklich in erster Linie an den Verhandlungszielen seines Gegenübers orientiert hat und nicht an seinen eigenen. Sicher ist nur, daß er bei seinen Verhandlungspartnern hoch geschätzt war und seine Vorgesetzten mit seinen Verhandlungsergebnissen immer sehr zufrieden waren.

Soziale Intelligenz hat im übrigen nicht unbedingt etwas mit sozialer Einstellung zu tun. Ich kenne Manager, denen ich eine hochentwickelte soziale Intelligenz zubillige, ohne daß ihre soziale Einstellung über einen ähnlichen Entwicklungsstand verfügen würde. Umgekehrt gibt es Manager, die an dem Platz, wo sie ihre soziale Intelligenz haben sollten, ein Loch oder einen blinden Fleck haben. Und die gleichzeitig die hochherzigsten und gütigsten Menschen sind, die man sich wünschen kann. Soziale Intelligenz ist auch keine neue Führungsqualität, die in der Vergangenheit unbemerkt und ungefordert war. Aber je größer der Raum wird, den Gefühle im Arbeitsleben einnehmen, je inniger gutes Managment und gute Kommunikation Hand in Hand gehen und je mehr klassische Arbeitstugenden wie Gehorsam, Respekt vor hierarchischer Autorität und Bereitschaft zur Unterordnung an Bedeutung verlieren, um so größer wird die Bedeutung dieser Führungsqualität.

Der Macher ist in Mißkredit geraten, seine Qualitäten werden aber auch in Zukunft gefragt sein

Armand Hammer, der Gründer und Eigentümer von Occidental Petroleum, einer der größten Ölfirmen der Welt, hat auf dem Schreibtisch seines Büros in Los Angeles eine kleine Tafel stehen. Auf dieser Tafel steht der Spruch: »Tough times don't last, tough guys do.« Wahrscheinlich muß man heute schon so alt wie Armand Hammer sein, der bereits mit Lenin Geschäfte gemacht hat, und so wie er über dem Zeitgeist stehen, um sich so offen zum Managertypus des »tough guy« bekennen zu können. Jedenfalls hat in der heutigen Managementtheorie und vor allem in der Managementliteratur der Typ des harten Managers keine Chance mehr. Noch ärger als den Typus des harten Burschen hat es den Typus des Machers erwischt. »Macher« gilt heute geradezu als Schimpfwort.

Als ich vor zwanzig Jahren mein erstes internationales Managementseminar besuchte, da wurde uns der erfolgreiche Manager vor allem als »Doer« beschrieben, als jemand, der die Dinge anpackt, in Bewegung bringt und erledigt. Manager, die als intelligent, fleißig, analytisch begabt und loyal beschrieben wurden, hatten keine schlechten Karriereaussichten. Aber das wirkliche Adelsprädikat des Managers lautete anders. Die höchste Auszeichnung, die damals einem Manager widerfahren konnte, war die Beurteilung »gets things done«. Wer mit diesen drei kurzen Worten charakterisiert wurde, der hatte wirklich den Marschallstab im Tornister. Es war wie eine Promotion summa cum laude.

Heute ist das alles anders. Der »Doer«, aus dem im Deutschen ein »Macher« geworden ist, hat sich zum Inbegriff eines völlig obso-

leten Verständnisses der Managementaufgabe gewandelt. Der Macher ist heute das, was im Mittelalter der Antichrist war. Heute ist viel von einem systemischen Managementstil die Rede und davon, daß das kartesianische Denken im Management abdanken muß. Wer da in der Öffentlichkeit als Macher bezeichnet wird, fühlt sich schnell stigmatisiert und tut viel, um diese Punzierung wieder loszuwerden. Macher sind out.
Das ist höchst sonderbar. Schaut man nämlich ein bißchen genauer auf die Manager, die heute die Bewunderung der Öffentlichkeit genießen, so zeichnet sie eine Gemeinsamkeit aus: Sie haben alle ein Unternehmen aus der Krise geführt. Und sie haben das nicht in einem Stil getan, der einer fernöstlichen Philosophie des langsamen Reifens, des Abwiegens und Sich-entwickeln-Lassens entsprechen würde, sondern mit Entschlossenheit und auch mit harter Hand.
Für die Vereinigten Staaten fällt einem da spontan Lee Iacocca ein und weniger spontan John Sculley, der frühere Präsident von Pepsi-Cola, der aus einem Blumen- und Wunderkinderladen namens Apple mit konsequenter Hand ein professionell geführtes Computerunternehmen gemacht hat. In Italien kommt einem Carlo de Benedetti in den Sinn oder Vittorio Ghidella. Er hat aus der von Streiks geschüttelten Firma Fiat, die Autos niedriger Qualität und hohe Verluste produziert hat, innerhalb eines knappen Jahrzehnts ein florierendes Unternehmen von Weltgeltung gemacht, das heute von vielen Kennern der Branche als das bestgeführte Autounternehmen der Welt bezeichnet wird. New Age und Taoismus sind dabei sicherlich nicht Pate gestanden.
In Österreich hat Helmut Schuster, der frühere langjährige IBM-Verkaufsdirektor, aus einer heruntergewirtschafteten Brotfabrik, die vor allem dadurch bekannt war, daß die Mitarbeiter mehr auf die Anweisungen des Betriebsrats als auf die des Managements hörten, ein Unternehmen gemacht, das sich sehen lassen kann und dessen Verkäuferinnen Weltmeister in Freundlichkeit sind. Ich habe Helmut Schuster über zehn Jahre aus unmittelbarer Nähe erlebt. Er hat während der ganzen zehn Jahre keine Sekunde einen Zweifel darüber aufkommen lassen, daß er über her-

vorragende Macher-Eigenschaften verfügt. Und in der österreichischen Verstaatlichten Industrie hat sich in den letzten Jahren vieles zum Besseren gewendet. Das konnte nur passieren, weil man eine Führung mit veritablen Macher-Qualitäten installiert hat.

Es ist jetzt höchste Zeit, den Manager mit Macher-Qualitäten, so wie ich ihn verstehe, zu definieren oder zu charakterisieren. Ihn zeichnen vor allem fünf Eigenschaften aus:

1. Er nimmt sich für die Firma oder die Abteilung, die er führt, klare Ziele vor.
   Es gibt zwei Arten von Managern: solche, die sich Ziele setzen lassen, und solche, die Ziele selbst setzen. Auch der erste Typ kann für ein Unternehmen sehr brauchbar und wichtig sein. Macher gehören in der Regel zum zweiten Typ. Nicht immer stehen sie an der Spitze eines Unternehmens. Sie bekommen also auch Ziele gesetzt. In diesem Fall nehmen sie sie vorweg, bevor sie ihnen gesetzt werden.
2. Er hat ein Gespür für die operativen Konsequenzen, die gezogen werden müssen, um seine Ziele zu erreichen, und er zieht diese Konsequenzen auch.
   Manchen Managern fehlt der Blick sowohl für Chancen als auch für Probleme. Dann gibt es Führungskräfte, denen es nicht am Blick fehlt, aber an der Kraft, ihre Einsichten in entsprechende Handlungen und Entscheidungen umzusetzen. Und dann gibt es eine dritte Gruppe von Managern, die über beide Qualitäten verfügen.

Der Präsident eines großen internationalen Konzerns hat einmal den Generaldirektor einer Tochtergesellschaft, der diese innerhalb von zwei Jahren aus den roten Zahlen geführt hatte, zu seinem Erfolg beglückwünscht. Der so Gelobte wehrte bescheiden ab und sagte: »Ich habe nur das Selbstverständliche getan.« Worauf der Konzernchef antwortete: »Dann gratuliere ich Ihnen zu Ihrem Mut, das Selbstverständliche getan zu haben!«

3. Er schafft um sich eine Atmosphäre von Identifikation, Bewunderung und Respekt, die seine Mitarbeiter veranlaßt, alles zu geben, um die vorgegebenen Ziele zu erreichen.

Manager mit Macher-Qualitäten verfügen über eine gehörige Portion Autorität. Sie verstehen sich nicht als Primus inter pares und haben keine Schwierigkeiten, von ihrer Autorität Gebrauch zu machen.

4. Er verlangt nie Unmögliches, aber immer um 20 Prozent mehr, als zunächst möglich erscheint.
   Es ist ein wesentliches Erfolgsgeheimnis dieses Managertyps, ein sehr sicheres Gefühl dafür zu haben, wie hoch er sich selbst und anderen die Latte legen kann. Die typische Reaktion auf von ihm gesetzte Ziele lautet: »Wenn wir das erreichen wollen, dann muß aber auch schon alles stimmen, und viel Glück muß auch noch dabei sein.« Dieses Glück trifft dann öfter ein, als es nach den Gesetzen der Wahrscheinlichkeit eintreffen dürfte.
5. Er verfolgt so gut wie nie aussichtslose Ziele.
   Manager mit Macher-Qualitäten verfügen über ein gutes Augenmaß. Haben sie doch einmal ein Ziel angepeilt, dessen Erreichung sich als aussichtslos herausstellt, dann ziehen sie schnell Konsequenzen und geben dieses Ziel ohne Angst vor Gesichtsverlust auf.

Im übrigen ist es eine ausgesprochene Executive-Fähigkeit, seine Meinung zu ändern, ohne dabei das Gesicht zu verlieren. Es gibt Manager, die oft ihre Meinung ändern, die aber dabei nie das Gefühl aufkommen lassen, daß sie sich damit eine Blöße geben. Andere wiederum, die ihre Meinung auch nicht öfter ändern, verbreiten regelmäßig bei einer solchen Gelegenheit den Eindruck eines Gesichtsverlustes.

Warum sind Macher so in Mißkredit geraten? Und zwar nicht nur bei Leuten, die das Leistungsprinzip aus ideologischen Gründen ablehnen und für die jeder Manager ein Feindbild repräsentiert, der mit Konsequenz und Dynamik Leistungsziele auch um den Preis verfolgt, daß Leistungsunwillige und Leistungsschwache nicht mithalten können. Der Typ des Machers ist ja auch bei vielen in Verruf gekommen, die sich durchaus zu den Spielregeln des Leistungsprinzips bekennen. Ich glaube, das hat damit zu tun, daß in Wirklichkeit nicht der Macher, sondern die Karikatur des Machers ins Fadenkreuz geraten ist. Manager, deren Tatkraft zur

Umtriebigkeit degeneriert und pervertiert ist und die ohne Gefühl für die Machbarkeit von Dingen mit einer an Sturheit grenzenden Hartnäckigkeit an nicht erreichbaren Zielen festhalten. Die über kein soziopolitisches Sensorium verfügen, dem gesellschaftlichen Wertewandel völlig verständnislos gegenüberstehen, Umweltauflagen als lästige Beschränkung oder gar als Bedrohung für Wachstum und Gewinn betrachten und den Zeitgeist für eine Erfindung von Softies halten, mit der der untaugliche Versuch unternommen werden soll, mangelnden Biß und fehlende Courage zu rechtfertigen. Diesen Managertypus gibt es auch. Aber das ist kein Macher, sondern im Gegenteil ein Nicht-Macher, weil er genau die Ziele nicht erreichen kann, die er anvisiert.

Der aus Österreich stammende und jetzt in Amerika lebende und lehrende Managementprofessor Peter Drucker berichtet in einem seiner Bücher eine kleine Episode über den ehemaligen amerikanischen Außenminister George Marshall. Marshall war vor seinem Eintritt in die Politik ein hochrangiger Offizier, dem die Rekrutenausbildung ein besonderes Anliegen war. Eines Tages wurde er in eine Entscheidung involviert, ob ein bestimmter Unteroffizier zum Ausbildner ernannt werden soll oder nicht. Dem Mann wurde eine Reihe von militärischen Qualifikationsmängeln vorgeworfen. Da hat General Marshall gefragt: »Kann er Rekruten ausbilden?« Und als man diese Frage mit Ja beantwortete, sagte er: »Dann macht es nichts, wenn er anderes nicht kann!« Vor fünfzig Jahren mag das eine richtige Einstellung gewesen sein. Heute wäre sie mit Sicherheit falsch. Dynamik, Tatkraft und Durchsetzungsvermögen eines Managers gehen ins Leere, wenn sie nicht gepaart sind mit Augenmaß und einem Gefühl für die Veränderungen, die in der Gesellschaft vor sich gehen. Der Manager von heute muß komplett sein. »Hard skill« allein genügt nicht. Er muß vom »soft skill« begleitet sein.

Wenn der erfolgreiche Manager von heute über Tatkraft, Entschlußkraft und auch eine gehörige Portion von Härte verfügen muß, bedeutet das auch, daß die Manager der Zukunft über diese Eigenschaften verfügen müssen? Oder werden diese Fähigkeiten obsolet, und haben die Sculleys und Ghidellas von heute keine Zukunft? Diese Frage kann man nur beantworten, wenn man weiß, was auf die Wirtschaft der Zukunft zukommt und wodurch sie gekennzeichnet sein wird. Dabei soll an dieser Stelle nur ein Aspekt besonders angesprochen werden.

Es läßt sich trefflich darüber streiten, ob die Wirtschaft der Zukunft eine ähnliche Wachstumsdynamik haben wird wie die Wirtschaft der Vergangenheit. Nicht streiten läßt sich darüber, daß die Wirtschaftsprozesse – Wachstum hin oder her – immer dynamischer werden. Die Internationalisierung der Wirtschaft schreitet mit Riesenschritten voran, das Karussell, in dem Unternehmen gekauft und verkauft werden, dreht sich immer schneller, die Märkte verändern immer öfter ihr Profil, und gerade Schlüsselindustrien der Zukunft zeichnen sich durch eine immer geringer werdende Stabilität aus.

Nehmen wir als Beispiel die Informations- und Kommunikationsindustrie. Die Produkte ändern sich praktisch alle Jahre und ebenso ihre Preise. Das Resultat davon ist, daß sich auch ständig die Kunden ändern in dem Sinn, daß in relativ kurzen Zeitabständen neue Kunden- und Benutzerschichten angesprochen werden müssen. Es gibt weder Produkt- noch Preis-, noch Kundenstabilität. Natürlich kann sich eine Industrie im Prinzip nichts Besseres wünschen, als ein gleichsam grenzenloses Kundenpotential zu haben. Aber diese Situation der dreifachen Instabilität stellt doch immense Anforderungen an die Management- und Mitarbeiterflexibilität. Die Notwendigkeit, in immer kürzer werdenden Abständen Produkt-, Vertriebs- und Marketingkonzeptionen zu überprüfen, wird immer offensichtlicher. Je nach Mentalität kann man diese immer größer werdende Dynamik bedauern oder begrüßen. Nur stoppen kann man sie nicht. Diese Dynamik bietet Chancen wie nie zuvor, und sie schafft Risken wie nie zuvor.

Sicher ist das nicht das einzige Szenario, das für die Wirtschaft der Zukunft Gültigkeit hat. Darüber, daß sie immer mehr zum Gegenstand gesellschaftlichen Interesses wird, haben wir schon gesprochen. Aber in jedem Fall werden mit diesem Szenario am besten die Manager umgehen können, die diese Dynamik nicht in erster Linie beobachten und verwalten, sondern die sie beeinflussen und mitgestalten wollen. In diesem Sinne haben die Managementtugenden der Vergangenheit wie Dynamik, Entscheidungsfreude und Durchsetzungsfähigkeit noch eine brillante Zukunft vor sich.

Die Qualität eines Managers erkennt man an der Zahl der Talente, die er um sich schart

Wenn es in früheren Jahren darum ging, die Qualitäten eines Kandidaten für eine Managementposition zu beschreiben, so konzentrierte sich diese Beschreibung auf seine Ausbildung, seinen beruflichen Werdegang und seine fachliche Erfahrung. »Harte« Fakten standen in dieser Beschreibung im Vordergrund, und »weiche« Fakten nahmen einen vergleichsweise bescheidenen Raum ein. Heute ist das anders. Der fachliche Hintergrund wird zwar nicht vernachlässigt, aber die Analyse der Persönlichkeitsmerkmale fällt wesentlich ausführlicher aus als früher. Da wird sein Ehrgeiz beurteilt und seine sonstige Leistungsmotivation, welche Karriereziele er hat und wie man sein künftiges Leistungs- und Karrierepotential einschätzt. Und niemand wird ein solches Dossier für vollständig erachten, wenn es nicht Auskunft über den Führungsstil eines Kandidaten geben würde und darüber, wie er mit seinen Mitarbeitern umgehen kann. Jeder dieser Aspekte ist für das Gesamtbild eines Kandidaten ungeheuer wichtig. Je kompletter sie beschrieben sind, um so kompletter wird das Bild von der Persönlichkeit eines Managers, von seinen Stärken und von seinen Schwächen.
Nur eine Information findet man in diesen Dossiers in der Regel nicht, die unter Umständen mehr über die Qualität eines Managers auszusagen vermag als alle anderen Informationen zusammen: die Information darüber, ob er Talente um sich scharen kann.
Die so gut wie vollständige Absenz dieser Information in Managerdossiers ist verräterisch. Sie bietet viel Evidenz für den Verdacht, daß wir Managementleistung nach wie vor als Einzellei-

stung begreifen. Wir reden zwar pausenlos von zunehmender Vernetztheit und Komplexität der Managementaufgabe, für die Beurteilung von Managementleistung gelten aber offensichtlich noch immer andere Maßstäbe. Die Vernetzung von Managementtalent und Mitarbeitertalent sehen wir nicht.
Ich habe einmal einen Manager interviewt, der noch ziemlich am Anfang seiner Karriere stand. Er war mir von einem Bekannten, dessen Urteil ich schätze, empfohlen und ans Herz gelegt worden. Das Unternehmen, in dem dieser Manager zum Zeitpunkt des Interviews gearbeitet hatte, war ein personalpolitisch recht fortschrittliches Unternehmen und verfügte über die Einrichtung einer sogenannten internen Stellenausschreibung: Freie Positionen werden via Anschlag auf dem schwarzen Brett den Mitarbeitern des Hauses angeboten. Im Laufe des Interviews kam die Sprache auf diese Form der Stellenausschreibung, und da ich von der IBM her mit einer solchen Einrichtung vertraut war, haben wir uns darüber ausführlich unterhalten. Schließlich fragte ich ihn, wie viele interne Bewerbungen er im Durchschnitt bekommen würde, wenn er selbst in seiner Abteilung eine Position zu besetzen hat. Ich war damals gar nicht sehr stolz auf diese Frage, weil sie mir sehr durchsichtig erschien. Normalerweise lassen die Antworten auf solche Fragen eher Rückschlüsse auf die Fähigkeit eines Kandidaten zu, die Absicht solcher Fragen zu durchschauen, als daß sie Aufschluß über die tatsächlichen Umstände geben. Die Wahrheit erfährt man eher auf Fragen, deren Sinn und Zweck nicht gleich durchschaubar ist. Ich weiß daher nicht, ob dieser Manager auf diese Frage eine kalkulierte oder eine wahre Antwort gegeben hat. An dieser Stelle ist das aber auch ohne Belang. Jedenfalls lautete seine Antwort ungefähr so: »Wirklich brauchbare Leute haben sich bei mir über die interne Stellenausschreibung noch nie gemeldet.« Da habe ich nachgehakt und ihn gefragt, wie er sich das erklären würde. Worauf er meinte, daß er in seiner Firma als besonders anspruchsvoller Chef bekannt wäre. Er sähe die Aufgabe einer Führungskraft nicht darin, einen Popularitätswettbewerb zu gewinnen. Daher würden sich die Mitarbeiter um ihn nicht reißen.
In einem hatte der Manager sicher recht. Manager sind nicht

dazu da, um besonders beliebt zu werden. Es gibt eine Reihe von Untersuchungen, die belegen, daß die Effizienz eines Managers mit seinem Liebesbedürfnis negativ korreliert. Das kommt nicht gerade überraschend.

Überraschend ist aber ein weiteres Ergebnis dieser Untersuchungen. Nicht nur die Effizienz eines Managers leidet unter seinem Bedürfnis nach Popularität, sondern es leidet auch die Moral seiner Mitarbeiter darunter. Wer populär sein möchte, tut sich schwer damit, Mitarbeitern den manchmal notwendigen Marsch zu blasen, und er neigt auch dort zur Nachsicht, wo sie nicht angebracht ist. Auf Dauer färbt das auf die Motivation vor allem der tüchtigen Mitarbeiter ab.

Falsch ist allerdings die Annahme des vorhin erwähnten Managers, Mitarbeiter würden um einen anspruchsvollen Chef prinzipiell einen großen Bogen machen. Manager, die ihre mangelnde Anziehungskraft mit ihrem hohen Anspruchsniveau begründen, machen sich etwas vor. Natürlich gibt es viele Mitarbeiter, die einem Vorgesetzten, von dem sie annehmen können, daß er sie fordern wird, aus dem Weg gehen. Aber gerade tüchtige Leute arbeiten gerne für einen anspruchsvollen Vorgesetzten. Unter einer Voraussetzung: daß er sie nicht nur fordert, sondern auch fördert. Wobei die Beförderung nicht die einzige Form der Förderung, aber eine der schönsten ist. Und es sind vor allem die begabten Mitarbeiter, die ein sehr gut entwickeltes Sensorium dafür haben, bei welchen Chefs sie sich entwickeln können. Entwickeln auch in puncto Karriere.

Am einfachsten ist es sicherlich, bei Vorgesetzten Karriere zu machen, die selbst Aufsteiger sind. Sie ziehen in ihrem Sog gute Leute nach. Eine solche Konstellation ist recht häufig zu finden, aber eine Automatik gibt es auch dabei nicht. Im Bereich der Politik wird das auch für die Öffentlichkeit sichtbar. Es gibt Politiker, bei denen die Zahl der Mitarbeiter auffällt, die ihren Chef auf dem Weg nach oben begleitet haben, sei es in der Politik selbst oder im Umfeld der Politik. Und dann gibt es Politiker, die dazu neigen, ihre Weggefährten auf dem Weg zur Spitze zu verlieren. Auf jeder Karrierestufe scharen sie neue Gefährten um sich, die ein Stück des Weges mit ihnen gehen, aber eben nur ein Stück.

Dann werden sie abgesprengt wie eine ausgebrannte Trägerrakete und verglühen wie diese beim Wiedereintritt in die Erdatmosphäre.
Solch unterschiedliche Verhaltensmuster gibt es nicht nur bei Spitzenpolitikern. Es gibt sie auch bei Topmanagern. Für das »Verlieren« von Mitarbeitern kann es mehrere Gründe geben. Es kann einmal in der Erkenntnis liegen, daß die Mitarbeiter, die man sich ausgesucht hat, letztlich den Erwartungen nicht entsprochen haben und daher weder Förderung noch Beförderung verdienen. Das muß man positiv bewerten – vor allem in der Politik –, weil es ohnehin zu viele Parallelkarrieren gibt, die nicht im Können, sondern in der Kumpanei ihre Ursache haben. Wenn es aber zur Regel wird – auch in der Politik –, daß jemand auf dem Weg zur Spitze seine Mitarbeiter aus Gründen fehlender Leistung nicht mitnehmen kann, so spricht das nicht so sehr für seine Objektivität, sondern eher für seinen Mangel an Talent, sich wirklich fähige Leute auszusuchen oder an sich zu binden. Nicht immer fehlt es nämlich in einem solchen Fall am Blick für Talente, sondern vielfach daran, daß Talente diesem Blick standhalten und einem Ruf widerstehen. Sie haben schon zu viele abgesprengte Trägerraketen verglühen sehen. Wer für sich in Anspruch nimmt, ein Spitzenmann zu sein, der muß Könner sowohl entdecken als auch an sich binden können.
Aber nicht nur die Manager, die sich selbst im Karriereaufzug nach oben bewegen, können begabte Leute um sich scharen. Wer sich in großen Organisationen ein bißchen umsieht, der wird eine Reihe von Managern finden, die ihren Karriereplafond aus den unterschiedlichsten Gründen schon erreicht haben. Dennoch haben sie eine auffallend hohe Zahl hervorragender Mitarbeiter um sich versammelt. Wenn man die Mitarbeiter dieser Manager über ein paar Jahre zurückverfolgt, so fällt mit schöner Regelmäßigkeit folgendes auf: Viele von ihnen haben »Karriere« gemacht, oft über die hierarchische Ebene ihres ehemaligen Chefs hinaus.
Neben diesen Managern gibt es andere, die auf der gleichen Hierarchiestufe stehen und auch genauso lang im Unternehmen sind. Da enden aber die Gemeinsamkeiten. In bezug auf ihre Mitarbeiter unterscheiden sie sich nämlich deutlich. Kaum jemand

von ihren Leuten hat je Karriere gemacht, und ihr Bereich ist im Haus eher als Lemurengrotte denn als Goldfischteich bekannt.

Wie läßt sich dieser Unterschied erklären? Wieso schaffen es die einen und die anderen nicht? Die Manager, denen es gelingt, tüchtige Mitarbeiter um sich zu versammeln, bringen mehrere Qualitäten mit. Die erste ist, daß sie im Unternehmen ein hohes Ansehen genießen. Meistens sind es Leute, die auf bestimmten Fachgebieten Stars sind und auf deren Rat und Hilfe das Unternehmen nur schwer verzichten kann. Ihren Karriereplafond haben sie oft aus Gründen erreicht, die nichts mit mangelnder Kompetenz zu tun haben. Zum Beispiel aus Altersgründen, aus Gründen mangelnder Mobilität oder einfach deswegen, weil die Plätze darüber gut besetzt sind. Manchmal kann es aber auch daran liegen, daß sie bei aller Spitzenkompetenz in bestimmten Bereichen Kompetenzdefizite haben, die einem weiteren Aufstieg entgegenstehen.

Neben dem Respekt, den sie genießen, stehen sie im Ruf, daß man bei ihnen etwas lernen kann. Und man lernt auch tatsächlich etwas. Professionalität und Effizienz werden bei ihnen groß geschrieben, sie selbst können unter Druck arbeiten und wohldosiert Druck auf ihre Mitarbeiter ausüben. Sie wissen, was sie können, und ihr Kommunikationsstil nach oben ist weder unterwürfig-angepaßt noch kritisch-destruktiv. Beide Stile sind Domänen ihrer weniger respektierten Kollegen. Ihre Loyalität gegenüber dem Unternehmen ist stark ausgeprägt. Vor allem aber verfügen sie über eine Eigenschaft: Ihr Selbstbewußtsein läßt es zu, ihren Mitarbeitern den Platz im Rampenlicht so oft wie möglich zu überlassen und diesen Platz nur dann selbst zu besetzen, wenn es unumgänglich notwendig ist.

Jeder Manager behauptet von sich, seinen Mitarbeitern jede Möglichkeit zur Profilierung zu bieten und nur dann selbst in den Vordergrund zu treten, wenn es die Situation unbedingt erfordert. Und wahrscheinlich behauptet er das nicht nur, sondern glaubt es auch. Nur fällt halt auf, daß es bei manchen Managern die Situation selten erfordert und bei anderen oft oder immer. Entweder um der eigenen Karriere willen oder weil sie überzeugt sind, es

besser zu machen, oder weil sie meinen, ihr persönliches Auftreten wäre ausdrücklich erwünscht.
Gerade ehrgeizige Mitarbeiter haben im allgemeinen Verständnis dafür, daß auch ihr Chef über Ehrgeiz verfügt. Sie können sehr gut begreifen, daß er seine Aufgabe nicht als permanente Übung in heldenhafter Selbstverleugnung betrachtet. Kein Mitarbeiter verübelt es einem Manager, wenn er von Zeit zu Zeit selbst die Gelegenheit sucht, bei der Unternehmensspitze durch eigenes Auftreten zu punkten. Auch dann nicht, wenn dieser Punktegewinn vor allem dem Mitarbeiter zu verdanken ist, der seinen Manager wohlpräpariert hat. Kein Verständnis haben aber tüchtige und ehrgeizige Mitarbeiter für Vorgesetzte, die prinzipiell jeden Kontakt nach oben selbst wahrnehmen wollen. Daran ist nicht immer nur die Selbstsucht der Manager schuld. Manchmal hat es auch mit einem falschen Verständnis der Managementverantwortung zu tun. Da man die Verantwortung für eine Aufgabe nicht delegieren kann, vermeint man, auch die Aufgabe selbst nicht delegieren zu können.
Fairerweise muß man sagen, daß es nicht nur am einzelnen Manager liegt, ob seine Mitarbeiter eine Chance bekommen, ganz oben gesehen zu werden. Oft klammert sich das Topmanagement selbst an die Chain-of-Command-Regel in dem Sinn, daß es nur mit unmittelbar nachgeordneten Managern kommuniziert. Zwei Typen von Topmanagern tun das besonders gern: die Ängstlichen und die Bürokraten. So begibt sich eine Unternehmensspitze der Möglichkeit, den Managementnachwuchs aus erster Hand kennenzulernen. Ich kenne den Generaldirektor eines Unternehmens, der es sich zur Gewohnheit gemacht hat, seine Abteilungsdirektoren anzuweisen, ihm nicht selbst zu referieren, sondern den jeweils sachkompetenten Mitarbeiter referieren zu lassen. Für ihn ist das die beste Gelegenheit, die Talente in seinem Haus kennenzulernen und in Augenschein zu nehmen. Viele Aufsichtsräte und Vorstände täten gut daran, in ihrem Unternehmen eine ähnliche Regel einzuführen!
Doch zurück zu den Managern, die besonders begabt darin sind, Talente um sich zu scharen. Zusätzlich zu ihrem Selbstbewußtsein, das ihnen erlaubt, ihre Mitarbeiter ins Rampenlicht treten

zu lassen, verfügen sie noch über eine andere Qualität: Sie münzen die Achtung, die sie im Unternehmen genießen, in Einfluß um. Wann und wo immer im Unternehmen interessante Positionen zu besetzen sind, machen sie sich für einen ihrer Leute stark. Das Vergnügen, einen Schützling wachsen und aufsteigen zu sehen, ist größer als die Angst, durch einen solchen Abgang ein nicht zu stopfendes Loch aufzureißen.
Eine eventuelle Sorge, einen Mitarbeiter nicht ersetzen zu können, wäre bei ihnen auch völlig unbegründet. Diese Manager schaffen es immer wieder, einen entsprechenden Ersatz zu finden. Es sind die Manager, die ihre Mitarbeiter mit Argusaugen bewachen, die im Falle eines schließlich doch nicht zu verhindernden Abganges tatsächlich die größten Probleme beim Suchen einer gleichwertigen Alternative haben. Und die sich dann durch diese Erfahrung in ihrer Überzeugung bestärkt fühlen, auf ihren Mitarbeitern hocken zu müssen.
Ich weiß nicht, von wem die so zutreffende Beobachtung stammt, daß erstklassige Führungskräfte erstklassige Mitarbeiter haben und zweitklassige Führungskräfte drittklassige Mitarbeiter. Vielfach meint man, daß es vor allem die Konkurrenzangst wäre, die zweitklassige Leute dazu verleiten würde, nur Mitarbeiter unter ihrem Niveau zu rekrutieren. Ich halte das für ein überschätztes Motiv. Viele zweitklassige Leute sind sich ihrer Zweitklassigkeit gar nicht bewußt und würden sich gerne mit erstklassigen Leuten oder solchen, die sie dafür halten, umgeben. Nur gelingt es ihnen oft nicht, weil erstklassige Leute um sie einen Bogen machen. Und wenn ein zweitklassiger Manager doch einmal einen erstklassigen Mitarbeiter bekommen sollte, dann ist er ihn schnell wieder los.
Wie kann man erkennen, ob ein Manager ein besonderes Talent dafür hat, erstklassige Leute um sich zu scharen? Und wer hat es nicht? Ganz sicher hat es nicht der Manager, der keine Gelegenheit vorbeigehen läßt, ohne über die Qualität seiner Mitarbeiter zu klagen. Und zwar nicht nur, wenn er Grund zu klagen hat. Auch wenn er keinen Grund hat. Intelligente Mitarbeiter finden schnell heraus, daß sie von so einem Manager keine Förderung erwarten können.

Manager mit einem Talent für Talente sind zunächst einmal stolz auf ihre Mitarbeiter. Sie gehen zwar nicht mit ihnen hausieren, aber die Art und Weise, mit der sie über sie sprechen, läßt erkennen, daß sie sich an Wachstum und Entwicklung ihrer Mitarbeiter freuen. Wenn man Managementkandidaten für eine Position interviewt, sollte man daher immer die Sprache auf die Mitarbeiter bringen. Man sollte eigentlich nicht nur den Kandidaten selbst beurteilen, sondern auch seine Mitarbeiter und die, die es einmal gewesen sind. Bei unternehmensinternen Personalentscheidungen ist das relativ einfach, weil hier den Entscheidungsgremien alle diesbezüglichen Informationen zur Verfügung stehen. Bei Kandidaten, die von außen kommen, ist das zugegebenermaßen schwieriger. Aber die Informationshürde ist auch da nicht unüberwindlich. Ich habe schon an anderer Stelle betont, daß Interviews mit Referenzgebern fast genauso wichtig sind wie Interviews mit Kandidaten. Wer sie geschickt führt, der findet schnell heraus, ob ein Kandidat dazu neigt, erst- oder drittklassige Mitarbeiter um sich zu versammeln.

Wer Manager werden möchte, muß eine Universität besuchen

Führungskräfte, die eine neue Position suchen, plazieren manchmal eine Anzeige in einer Zeitung. In der Regel beschreiben sie darin ganz kurz ihre Erfahrungen und besonderen Fähigkeiten. Immer wieder kann man in diesen Kurzbeschreibungen auch die Eigenklassifikation »Praktiker« finden. Aber mit dieser Charakterisierung soll keineswegs eine besondere Fähigkeit oder eine spezielle Qualifikation zum Ausdruck gebracht werden, sondern genau das Gegenteil: das Fehlen einer solchen. Wer sich in einer derartigen Anzeige als Praktiker ausweist, möchte signalisieren, daß er über keine abgeschlossene akademische Ausbildung verfügt. Jedem, der mit Personalauswahl befaßt ist, ist dieses Codewort geläufig.
Diesen Hinweis findet man heute öfter als früher. Das kann zwei Ursachen haben. Erstens die, daß unter den Führungskräften, die eine neue Aufgabe suchen oder suchen müssen, der Anteil der Nichtakademiker überproportional hoch ist, und zweitens die, daß das Fehlen eines akademischen Grades von den Managern, die auf Arbeitsplatzsuche sind, aus ihrer Sucherfahrung heraus immer stärker als eine Hürde erlebt wird, die sie bei vielen Unternehmen ohne Rücksicht auf die übrigen Qualifikationen nicht überspringen können. Daher will man mit dem Hinweis auf das fehlende Diplom gezielt Firmen auf sich aufmerksam machen, bei denen dieses Manko nicht von vornherein eine Weiterverfolgung der Bewerbung ausschließt.
Die in dieser Beziehung unüberwindlichste Hürde gibt es im öffentlichen Dienst. Karrieren in der Verwaltung sind streng an Ausbildungsgänge gebunden, die durch Abschlußzertifikate be-

legt werden müssen. Das System sieht eine Durchlässigkeit nach unten nie und nach oben so gut wie nie vor. Eine Dispens vom formalen Ausbildungserfordernis ist zwar möglich. Für einen Beamten ist diese Dispens aber schwieriger zu erhalten als für einen Benediktinermönch die Dispens vom Gebot der stabilitas loci. Lottosechser sind häufiger. In Österreich kann diese Dispens nur durch einen Ministerratsbeschluß erteilt werden. Nach unten ist die Undurchlässigkeit absolut. Einen unfähigen Akademiker in der Verwaltung auf einen Posten zu versetzen, für den kein akademischer Grad vorgeschrieben ist, das kann nicht einmal der Ministerrat.

Ein System, das die berufliche Entwicklungsmöglichkeit so rigoros an die Erfüllung formaler Ausbildungskriterien bindet, schafft Barrieren der Starrheit und bringt natürlich groteske Auswirkungen mit sich. Hätte sich Kaspar Cassani nach Abschluß der Pflichtschule nicht für eine Laufbahn bei IBM, sondern bei den Schweizer Bundesbahnen entschieden, so hätte er es dort nur zum Schaffner gebracht. In Anerkennung seines besonderen Ehrgeizes allerdings sicher zum Schnellzugschaffner. Bei IBM ist er Europa-Präsident geworden. Und der neue Chef der Mercedes AG, Werner Niefer, hätte, wenn er statt zu Daimler-Benz zur Stuttgarter Stadtverwaltung gegangen wäre, dort wegen seines fehlenden Studiums höchstens Hilfsreferendar werden können. Da bietet nur die Vermutung Trost, daß es unter den Schweizer Eisenbahnschaffnern und den Stuttgarter Hilfsreferendaren wahrscheinlich nur wenige verkannte Cassanis und Niefers gibt.

Für den Staatsdienst – und nur für diesen – ergibt dieses System durchaus Sinn. Wo der Wettbewerb als letztgültige Leistungskontrolle fehlt, wird es auch nie eine Selektion nach den Regeln des Wettbewerbes geben können. Und auch keine persönlichen Konsequenzen für eine falsche Selektion. Ein solches Umfeld ist ein besonders guter Nährboden für Intervention, Protektion und Freunderlwirtschaft. Die einzige Chance der Verwaltung, nicht zur Beute von Mächtigen zu werden, die Führungspositionen im öffentlichen Dienst ohne Ansehen der Qualifikation an Günstlinge vergeben, besteht darin, formale Berufungskriterien festzusetzen, die auch durch die besten politischen Verbindungen nicht

aus der Welt geschafft werden können. Und im statistischen Mittel ist die Annahme ja wohl begründet, daß bessere Ausbildung auch höhere Kompetenz bedeutet.
In der öffentlichen Verwaltung haben die Führungskräfte ab der mittleren Ebene ohne Ausnahme eine akademische Ausbildung. Ein Blick in die Vergangenheit zeigt uns, daß in bezug auf den Akademisierungsgrad der Führungskräfte die Banken der öffentlichen Verwaltung am nächsten gekommen sind. Also auch nicht gerade eine Branche, die sich durch extremen Wettbewerb und besondere Dynamik ausgezeichnet hat. In der Industrie und vor allem im Handel hat sich da ein wesentlich anderes Bild geboten. Ein akademischer Titel hat zwar in der Regel auch dort nicht geschadet, aber seine Karriereschubkraft ist doch wesentlich bescheidener gewesen.
Manchmal war er sogar von Nachteil. Kurz nach Abschluß meines Studiums war ich bei einem sehr erfolgreichen Unternehmer, der in seiner Jugend keine Möglichkeit zum Studium gehabt hatte, zu einem Vorstellungsgespräch eingeladen. Nachdem ich sein Zimmer betreten hatte und noch bevor ich seiner Einladung, Platz zu nehmen, Folge leisten konnte, nahm er meinen vor ihm liegenden Lebenslauf zur Hand und sagte gleichsam zur Begrüßung: »Die Tatsache, daß Sie zwei Doktorate haben, läßt darauf schließen, daß Sie im wirklichen Leben ein Versager sein werden!«
Heute schaut das Bild ganz anders aus. Nicht in dem Sinn, daß die Banken, die nur mehr wenig von ihrer Betulichkeit der fünfziger und sechziger Jahre an sich haben und von der Dynamik voll erfaßt worden sind, jetzt geringeres Augenmerk auf die akademische Qualifikation ihrer Führungskräfte legen würden, sondern in dem Sinn, daß der Prozentsatz der Akademiker in Führungspositionen auch in Industrie und Handel stark angestiegen ist. Nach einer deutschen Untersuchung aus jüngster Zeit haben derzeit 70 Prozent aller Manager auf Vorstands- und Geschäftsführerebene ein abgeschlossenes Hochschulstudium. Zwanzig Jahre früher waren es weniger als die Hälfte. Eine ähnliche britische Studie zeigt, daß nur 24 Prozent aller englischen Spitzenmanager über ein Universitätsdiplom verfügen, während es in Japan 85 Prozent sind. Viele sehen in dem vergleichsweise niedrigen

Ausbildungsniveau der britischen Manager und der vergleichsweise geringen Wettbewerbsfähigkeit vieler Sektoren der britischen Industrie einen Zusammenhang.
Akademiker halten auch vermehrt in Branchen Einzug, die noch vor zwanzig Jahren als klassische Domäne für Nichtakademiker gegolten haben. Ein typisches Beispiel dafür ist die Werbebranche. In früheren Jahren hat sich kaum jemand mit einem abgeschlossenen Hochschulstudium in diese Branche verirrt, höchstens ein Studienabbrecher. Heute bieten Hochschulabsolventen in der Werbung fast genauso ein gewohntes Bild wie in der Steuerberatung und in der Wirtschaftsprüfung. Bei einer Umfrage unter den fünfzig größten Werbeagenturen der Bundesrepublik Deutschland haben 81 Prozent eine akademische Ausbildung als die beste Voraussetzung für einen Einstieg in die Werbebranche bezeichnet.
Warum sehen Großkaufhäuser nicht mehr so wie früher in der hauseigenen Lehrlingsausbildung die vorrangige Management-Kaderschmiede? Warum steht nicht mehr der Mitarbeiter im Mittelpunkt der Beförderungsüberlegungen, der das Geschäft von der Pike auf gelernt hat, und warum haben alle zehn Manager, die im »Managermagazin« vom September 1988 als die Aufsteiger des Jahres porträtiert wurden, bei aller sonstigen Verschiedenheit eine große Gemeinsamkeit: die akademische Ausbildung?
Das hat sicher auch mit dem steigenden Angebot an Jungakademikern zu tun. Das Angebot schafft sich die Nachfrage. In Deutschland haben im Jahr 1975 10 153 Studenten das Studium der Wirtschaftswissenschaften erfolgreich abgeschlossen. Acht Jahre später, 1983, waren es mit einer Zahl von 15 303 graduierten Volks- und Betriebswirten um 50 Prozent mehr. In anderen Ländern sehen die Zahlen ähnlich aus. Sicher löst der rasante Anstieg der Absolventenzahlen bis zu einem gewissen Grad einen Verdrängungswettbewerb aus. Gar manche Position, deren Anforderungsprofil weder vom intellektuellen Anspruch noch vom persönlichen Niveau eine Universitätsausbildung verlangen würde, wird heute von einem Akademiker besetzt. Aber wer die zunehmende Akademisierung der Wirtschaft in erster Linie diesem Verdrängungswettbewerb zuschreibt, der liegt falsch. Die Industrie

nimmt nicht deswegen Akademiker auf und verzichtet dafür auf die Einstellung von Nichtakademikern, weil es halt so viele Akademiker gibt, sondern weil sie sie braucht. Schließlich sind junge Akademiker in der Regel teurer als junge Nichtakademiker.
Von den Anhängern der Theorie des Verdrängungswettbewerbes wird immer wieder ins Treffen geführt, daß viele Berufsbilder früher völlig ohne Universitätsabschluß ausgekommen sind. Heute würde die akademische Ausbildung ohne besonderen Grund zum Selbstverständnis dieser Berufe gehören. Besonders oft wird in diesem Zusammenhang der Verkaufsberuf genannt. Daß man sich heute auch im Vertrieb von Waschmitteln, Margarine und Soft Drinks mit Akademikern schmückt, könne nur auf ein Überangebot von solchen zurückzuführen sein. Eine solche Einstellung reflektiert zunächst einmal das noch immer geringe Sozialprestige, das die Funktion des Verkäufers »genießt«. Und mit dem geringen Sozialprestige dieser Funktion hängt auch das geringe Sozialprestige einer erfolgsabhängigen Einkommensgestaltung zusammen, wobei es müßig ist, darüber zu diskutieren, was dabei Henne und was Ei ist. Das ist auch einer der Gründe, warum sich in Europa eine erfolgsabhängige Einkommensgestaltung für Führungskräfte so zögernd durchsetzt.
Schön langsam beginnt sich zwar auch im Nichtverkauf die Einsicht in die zentrale Bedeutung des Verkaufes für den Unternehmenserfolg durchzusetzen, aber zur vollen akademischen Gesellschaftsfähigkeit hat er es noch immer nicht gebracht. Früher habe ich recht oft junge Akademiker erlebt, denen ich die Position eines Computerverkäufers schmackhaft machen wollte und die mir dann zur Antwort gegeben haben: »Meine Eltern oder meine Frau würden nie verstehen, daß ich Verkäufer werde. Wozu hätte ich denn dann studiert?«
Außerdem kommt in dieser Meinung eine sachliche Fehleinschätzung der Verkäuferrolle zum Ausdruck. Wahrscheinlich ist die Meinung geprägt von der eigenen Erinnerung an die Zeiten, wo Waschmittel und Margarine noch vom guten alten Vertreter vertrieben wurden. Und zwar im Firmen-VW, der durch das aufgepinselte Firmen-Logo und den dazugehörigen Werbespruch auf einen Kilometer Entfernung als solcher erkennbar war. Aber der

Verkauf durch Abklappern von Lebensmittelgeschäften und Drogerien wird bald Geschichte sein. Auch bei Low-Tech-Produkten. Verkäufern von Konsumgütern stehen nicht mehr in erster Linie Inhaber von Einzelhandelsgeschäften gegenüber, sondern zunehmend Handelsorganisationen, deren Repräsentanten vielfach selbst über eine akademische Ausbildung verfügen. Der Chef eines großen Handelshauses hat dazu einmal gesagt: »Nicht mehr Dackel, sondern Elefanten stehen der Industrie gegenüber.« Der Verkäufer der Zukunft muß da Kenntnisse in Logistik, EDV, Marktforschung und Marketing haben. Und dafür bietet eben das Ausbildungsniveau einer Universität eine bessere Voraussetzung. Die Hauptursache für die Akademisierung der Wirtschaft ist nicht im Überangebot an Akademikern zu suchen, sondern in den wachsenden Anforderungen. Der Forschungs- und Entwicklungsaufwand steigt, die Produktions- und Fertigungstechniken werden immer komplizierter und verfeinerter, der Vertrieb trifft auf immer besser ausgebildete Kunden, und die Vertriebsmethoden »verwissenschaftlichen« zusehends. Die Fortschritte in der Büroautomation verlangen zunehmend technischen Sachverstand, immer besser ausgebildete und selbstbewußtere Mitarbeiter erfordern erhöhte Kompetenz des Managements, und die stetig wachsende kritische Aufmerksamkeit der Öffentlichkeit gegenüber der Industrie verlangt eine immer größer werdende Sensibilität der Industrie gegenüber den Anliegen der Öffentlichkeit.

Einen interessanten Zusammenhang zwischen dem Ausbildungsniveau von Managern und ihrer Sensibilität gegenüber der Öffentlichkeit hat eine Schweizer Untersuchung aufgezeigt. Von den Schweizer Führungskräften mit Hochschulabschluß haben 61 Prozent eine Verpflichtung des Unternehmens zur Rechenschaft gegenüber der Öffentlichkeit bejaht. Von den Führungskräften ohne Hochschulabschluß haben nur 41 Prozent diese Frage mit Ja beantwortet.

Einem Bericht der österreichischen Niederlassung von Digital Equipment ist zu entnehmen, daß nur mehr ein Drittel der Digital-Mitarbeiter in einer Position tätig sind, die in einem direkten Zusammenhang mit ihrer ursprünglichen Berufsausbildung oder ihrem Studium steht. Und das bei einem Durchschnittsalter von

35 Jahren! Flexibilität und Mobilität sind also keine leeren Schlagworte mehr. Nicht nur in der High-Tech-Industrie. Und wo immer man hinschaut, sind es Leute mit Universitätsausbildung, die an Rotationsprogrammen überproportional hoch beteiligt sind. Eine gute und lange theoretische Ausbildung fördert offensichtlich die Fähigkeit zu Flexibilität und Mobilität.
Cassanis und Niefers wird es auch in Zukunft geben, weil überragende Fähigkeiten in der Wirtschaft immer formale Barrieren überspringen werden. Dennoch muß man ganz klar sehen: Managementkarrieren, die sich nicht auf einen Hochschulabschluß stützen können, werden seltener werden. Der Anteil an Topmanagern, die über keine akademische Ausbildung verfügen, wird ständig sinken. Und war es früher ein Kennzeichen wenig dynamischer Systeme, Karriere eng an Ausbildungskriterien zu knüpfen, so ist es heute bereits ein Kennzeichen besonders dynamischer Systeme. Allerdings in abgewandelter Form. Die Ausbildung entscheidet nicht über die tatsächliche Karriere, aber über die Chance dazu. Die großen Beratungsgesellschaften der Welt, die gewiß zu den dynamischsten Firmen zählen, rekrutieren ausschließlich Hochschulabsolventen. Und für das »No-Frontier-Program« von Olivetti, mit dem junge Leute gezielt auf eine internationale Karriere bei diesem Unternehmen vorbereitet werden sollen und von dem schon die Rede gewesen ist, werden ebenfalls ausnahmslos Leute mit einem Hochschulabschluß in Betracht gezogen.

Die Managementelite der Zukunft kommt von den Business Schools

Absolventen von Business Schools bin ich zum erstenmal als junger Recruiter bei IBM Ende der sechziger Jahre begegnet, und ich kann beim besten Willen nicht sagen, daß ich von ihnen begeistert gewesen wäre. Im Gegenteil. Ich entwickelte sehr bald eine kräftige Aversion gegen sie. Ihr Auftreten und ihre Sprache, die Smartheit und Präpotenz zugleich signalisierten, störten mich dabei noch am wenigsten. Kritischer war es schon mit ihren Gehaltswünschen, die ich durch die Bank unverschämt hoch und durch nichts gerechtfertigt fand. Aber zu meiner Antipathie trug am stärksten der Umstand bei, daß ausnahmslos jeder der jungen Masters of Business Administration, mit denen ich damals sprach, meinen Vorschlag, sich für eine Laufbahn im Verkauf zu interessieren, kategorisch zurückgewiesen hat. Es war gerade so, als hätte ich ihnen einen unsittlichen Antrag gemacht. Weit führend auf ihrer Beliebtheitsskala war die Stelle eines Assistenten des Generaldirektors, gefolgt von der Position des Leiters der Planungs- und Marktforschung. Aber zum direkten Verkauf hatten sie alle die gleiche Einstellung wie der Teufel zum Weihwasser. Über die gesamten vier Jahre, während der ich für die Personalauswahl zuständig war, hat auch kein MBA einen Dienstvertrag mit IBM Österreich unterschrieben. Bei einer Reihe von Podiumsdiskussionen mit Studenten und Universitätsabsolventen, wo die Frage nach dem Wert der Business Schools zur Sprache kam, machte ich kein Hehl aus meiner Aversion. Zu meiner nicht geringen Freude konnte ich dabei feststellen, daß es sehr viele Leute gab, die meine Einschätzung teilten.

Das war vor zwanzig Jahren. Allzuviel hat sich seitdem nicht verändert. Business-School-Absolventen gelten in Europa – und da vor allem im deutschsprachigen Raum – noch immer als Exoten, die durch ein überzogenes Selbstbewußtsein und ebensolche Gehaltsvorstellungen auffallen. Der Personalchef eines Unternehmens in der Bundesrepublik hat unlängst in einem Wirtschaftsmagazin davon berichtet, daß er einem frischgebackenen Master of Business Administration ein Angebot zur Mitarbeit gemacht habe. Auf das ihm dabei in Aussicht gestellte Eintrittsgehalt hat der hoffnungsvolle Nachwuchsmanager mit folgenden Worten reagiert: »Für den Fall, daß ich mich schlecht ausgedrückt haben sollte, möchte ich nochmals betonen, daß ich an keiner Teilzeitbeschäftigung interessiert bin. Ich suche einen Full-time-Job.«

Jedenfalls ist die Nachfrage nach Business-School-Absolventen noch immer nicht so groß, wie sie es sich beim Eintritt in diese Schulen erträumt haben. Und die Nachfrage ist vor allem einseitig. Ein sehr hoher Prozentsatz der MBAs landet in der Beratung, weil dort die Gehaltsvorstellungen am ehesten erfüllt werden können. Das ist auch in den Vereinigten Staaten so, wo der Besuch einer Business School zwar nicht zur Routineausbildung gehört, aber nichts Außergewöhnliches mehr an sich hat. In einer Umfrage unter amerikanischen Business-School-Absolventen, die Mitte der achtziger Jahre gemacht wurde, sprachen sich nur 19 Prozent für die Industrie als bevorzugten Arbeitsplatz aus. Weit mehr als die Hälfte von ihnen sahen wegen der ungleich besseren Verdienstmöglichkeiten ihren zukünftigen Arbeitsplatz bei Brokern und in großen Unternehmensberatungen.

Werden auch in Zukunft die Business Schools auf die Rolle der Kaderschmiede für große Beratungsgesellschaften beschränkt bleiben? Ich glaube nicht. Es gibt klare Anzeichen dafür, daß die Business Schools aus ihrer Ghettorolle herausfinden. Ein erstes Signal besteht schon darin, daß die Zahl der Berichte und Artikel über Business Schools in den Medien in der letzten Zeit sprunghaft angestiegen ist. Einschlägige und auch weniger einschlägige Zeitungen schenken dem Thema erhöhte Aufmerksamkeit. Zum zweiten wächst das Interesse an Business Schools in dem Maße, in dem die Industrie zunehmende Ausbildungsdefizite beim Nachwuchs ortet. Die Folge davon ist, daß man derzeit in einer Reihe von europäischen Ländern die Errichtung von Business Schools auf eigenem Boden diskutiert. Und drittens tut die, wenn auch langsam ansteigende Anzahl von MBAs, die in Entscheidungspositionen sitzen, ihre Wirkung. Die Business Schools und ihre Absolventen haben zwar noch kein Volumen erreicht, ab dem ihre Masse »kritisch« zu werden beginnt, aber sie sind auf gutem Weg dorthin. Und ich wage die Behauptung, daß man in der übernächsten Managergeneration ohne Besuch einer Business School kein First-Class-Ticket für den Karrierezug mehr bekommen wird. Universitätsabschluß allein wird dafür nicht mehr ausreichen.

Business-School-Absolventen mögen im statistischen Mittel arroganter sein als ihre Kollegen, die ohne den schmückenden Titel eines Masters of Business Administration auskommen müssen. Sie sind aber auch im statistischen Mittel besser ausgerüstet, ehrgeiziger, weltoffener und nicht nur in geographischer Hinsicht mobiler und flexibler.

Der unmittelbar einleuchtendste, wenn auch bei weitem nicht größte Wert der Ausbildung liegt in der Mehrsprachigkeit. Wenn von der Ausbildung an einer internationalen Business School nichts anderes bleibt, so bleibt zumindest eine gute Beherrschung der englischen Sprache. In Fontainebleau und in den Schulen der französischen Schweiz kommt auch noch die französische Sprache hinzu. Den Wert solcher Sprachkenntnisse soll man zwar angesichts der zunehmenden Internationalisierung der Wirtschaft nicht unterschätzen, sie rechtfertigen aber keineswegs den Besuch einer solchen Schule. Gutes Englisch lohnt weder für den Studenten den Besuch einer Business School noch für die Unternehmen die Investition in einen Absolventen. Sprachkenntnisse sind für beide Teile billiger zu haben.

Aber Sprachkenntnisse sind ohnehin nur ein willkommenes Nebenprodukt der Business-School-Ausbildung. Was aber ist das Hauptprodukt? Mit der MBA-Ausbildung ist ein Begriff untrennbar verbunden: Case Studies. Für diese Unterrichtsmethode ist das Mekka der Post-graduate-Ausbildung, die Harvard Business School, berühmt geworden. In letzter Zeit hat man zwar begonnen, in dieser Ausbildungsform nicht mehr der Weisheit letzten Schluß zu sehen, aber sie macht nach wie vor einen wesentlichen

Bestandteil des Lehrplans aus. Der Kernpunkt der Kritik an den Fallstudien bezieht sich darauf, daß sie die Wirklichkeit nur sehr unzureichend simulieren können. Die Handlungsparameter in der Wirtschaft draußen würden sich wesentlich schneller ändern, als sich die Annahmen, auf denen das Fallbeispiel aufbaut, im Hörsaal verändern lassen. So würde aus einer sehr dynamischen Praxis eine recht statische Theorie werden. Wenn ich an die Fallbeispiele zurückdenke, mit denen ich im Rahmen meiner Managementausbildung konfrontiert wurde, so muß ich sagen: An der Kritik ist zwar einiges dran, Fallbeispiele sind aber eine unverzichtbare Schulung für prozeßorientiertes Denken. Man lernt systematisches und strukturiertes Denken zum Teil auf mehreren Ebenen, und die Vorzüge dieser Ausbildungsmethode sind weit höher zu veranschlagen als ihre Nachteile.

Aber nicht nur der Zwang zu systematischem und strukturiertem Denken ist ein Vorzug der Business-School-Ausbildung. Dazu gesellt sich nämlich ein weiterer Vorzug: der Zwang zur systematischen und strukturierten Präsentation und Darstellung dessen, was man denkt. Ich bin heute noch immer darüber verblüfft, wie viele durchaus begabte und fleißige Führungskräfte ihre Pferdestärken deshalb nicht auf den Boden bringen, weil sie völlig unfähig sind, ihre Gedanken, Ideen oder Einwände in systematischer, logisch aufgebauter Form vorzutragen. Und zwar weder schriftlich noch mündlich, was in einer Zeit, in der Kommunikation alles bedeutet und in der Manager auch gute »Verkäufer« sein müssen, noch viel schlimmer ist.

Ein weiterer unleugbarer Wert der Business-School-Ausbildung liegt in ihrer Internationalität – sowohl in der ihrer Lehrer als auch ihrer Schüler. Da liegt aber auch die Problematik des gegenwärtigen Trends, in jedem Land eine eigene Business School errichten zu wollen. Sehr groß ist die Gefahr, daß sich dabei der Lehrkörper in erster Linie aus Dozenten und Professoren der Wirtschaftsuniversitäten des jeweiligen Landes und aus methodisch und pädagogisch interessierten Praktikern aus Unternehmen, die in der Nähe der Schule Sitz oder Niederlassung haben, rekrutiert. Und daß auf Studentenseite dasselbe passiert. Business Schools, bei denen 90 Prozent oder mehr der Studenten und der

Dozenten aus ein und demselben Land kommen, sind zwar nicht wertlos. Für eine Ausbildungsstätte, die den Bedürfnissen der Wirtschaft der Zukunft voll gerecht werden soll, fehlt ihnen allerdings die Dimension der Internationalität. Das internationale Umfeld von Business Schools ist eine entscheidende Trumpfkarte in der Ausbildung, und dort liegt auch einer ihrer wesentlichen Werte. Eine längere Zeit in einer internationalen Umgebung – womöglich in einem fremden Land – zu verbringen, mit Kollegen und Lehrern zusammenzuarbeiten, die aus über den ganzen Globus verstreuten Ländern kommen, bietet einen idealen Nährboden für wirklich internationales und globales Denken.
In diesem Zusammenhang ist die Kritik bemerkenswert, die die gegenwärtig renommiertesten europäischen Business Schools an den amerikanischen üben. Und sie glauben auch, ihren amerikanischen Vorbildern bereits heute überlegen zu sein. Aus zwei Gründen: Erstens, weil die MBA-Ausbildung in den Vereinigten Staaten üblicherweise unmittelbar an die College-Ausbildung anschließt, während für die europäischen Business-School-Absolventen eine mehrjährige Unternehmenspraxis zwischen Abschluß des Hochschulstudiums und dem Besuch der Business Schools typisch ist. Zweitens, weil man an amerikanischen Business Schools mit einer Darstellung unternehmerischer Aufgaben und Problemstellungen aus ausschließlich amerikanischer Sicht konfrontiert wird. Die Stärke der europäischen Ausbildungsstätten wäre dagegen eine wirklich internationale Sicht. Das erste Argument hat viel für sich, das zweite weniger. Für einen europäischen Post-graduate-Studenten ist es durchaus aufregend und lehrreich, sich in den Vereinigten Staaten mit einer amerikanischen Sicht der Weltwirtschaft auseinandersetzen zu müssen. Auch eine rein amerikanische Sicht kann zu einer europäischen Horizonterweiterung einiges beitragen. Allerdings gehören amerikanische Studenten nicht so sehr nach Harvard oder Columbia, sondern nach Fontainebleau, Genf oder Barcelona.
Nicht bei jedem Business-School-Absolventen fällt die Ausbildung auf den gleichen fruchtbaren Boden, und ein Master of Business Administration ist nicht per definitionem ein Managerstar. Gar mancher von ihnen endet letzten Endes in einer Position, die er

in seinen einstigen Karriereträumen nicht einmal ignoriert hätte. Auf einem prinzipiell recht hohen Niveau gibt es auch unter den Abgängern dieser Schulen eine Streuung der Talente. Keine Streuung gibt es allerdings bei ihrem Ehrgeiz. Wer sich für den Besuch einer Business School entscheidet, wer die damit verbundenen Anstrengungen, die manchmal zu Strapazen ausarten, auf sich nimmt, der tut das nur, wenn er über eine ganz große Portion Ehrgeiz verfügt. Dieser Ehrgeiz hat zwei Seiten: Auf der einen sieht man vor allem den Karrierehunger, der vielfach für die nach wie vor bestehenden Vorurteile gegen MBAs verantwortlich ist. Die andere Seite zeigt die Bereitschaft, für seine Karriere auch Opfer zu bringen und den Unternehmen ohne Einschränkung zur Verfügung zu stehen. Viele Firmen klagen allenthalben, daß zu wenige ihrer Mitarbeiter für Auslandseinsätze zu interessieren sind. Bei Business-School-Absolventen gibt es da keine Schwierigkeiten, sofern ein solcher Einsatz einen Schritt in die richtige Karriererichtung erkennen läßt.
Dekane, Dozenten und sonstige Funktionäre von Business Schools empfehlen den Unternehmen die Rekrutierung von MBAs vor allem für Abteilungen, die sich mit internationalen Aufgaben beschäftigen. Sicher sind MBAs dafür prädestiniert. Dennoch halte ich einen solchen Einsatz für zu einseitig. Er hat auch den Nachteil, zu einer Ghettoisierung der ohnehin mit scheelen Augen betrachteten »Obergescheiten« beizutragen. Abgänger von Business Schools gehören auch in Abteilungen, die keinen internationalen Bezug haben. Unternehmen bekommen nur dann die notwendige internationale Ausrichtung, wenn nicht nur in ihren Export- und Auslandsabteilungen international gedacht wird. In allen Abteilungen des Hauses muß eine weltoffene Atmosphäre herrschen.
Wer in früheren Jahren als Student Mitglied einer Studentenverbindung war, der konnte bei seinem Berufseinstieg mit einigem Recht auf die Hilfe von Alten Herren seiner Verbindung hoffen. Für nicht wenige Karrieren haben Alte Herren die Patenschaft übernommen, und was für Studentenverbindungen gilt, das sagt man auch Freimaurerlogen nach und politischen Parteien sowieso. Auch hier werden die Business Schools für eine Verände-

rung in der Zusammensetzung von Seilschaften sorgen. Sobald die Zahl der Business-School-Absolventen die Schwelle zur kritischen Masse überschritten haben wird, wird das einen Prozeß der Selbstrekrutierung auslösen, der den von Kartellverbänden, bürgerlichen oder sozialistischen Akademikervereinigungen und dergleichen weit in den Schatten stellen wird. An die Stelle der Weltanschauung als karrierefördernder gemeinsamer Nenner wird als neuer gemeinsamer Nenner die MBA-Ausbildung treten. Das hat nicht so sehr mit Protektion zu tun. Business Schools unterscheiden sich von Massenuniversitäten unter anderem dadurch, daß sie eine kulturformende Wirkung haben. Eine Firma wie IBM oder eine Zeitschrift wie »Der Spiegel« prägt ihre Mitarbeiter oder Redakteure so stark, daß sie auch ohne Firmen- oder Redaktionsausweis als IBMer oder »Spiegel«-Redakteur erkennbar sind. In einem noch viel stärkeren Ausmaß gilt das für Absolventen von Business Schools. Sie sprechen alle die gleiche Sprache, sie denken alle in den gleichen Kategorien, und sie haben alle den gleichen Ehrgeiz. Bewußt oder unbewußt suchen wir immer Mitarbeiter, die unsere Sprache sprechen und in unseren Kategorien denken. Man wird es daher den Masters of Business Administration nicht verübeln dürfen, wenn sie in erster Linie wiederum nach Masters of Business Administration Ausschau halten.

Unser Bildungssystem würde anders aussehen, wenn es zu Humboldts Zeiten schon Manager gegeben hätte

Wenn ich mich recht erinnere, so hat die Klage über die »große Bildungskatastrophe« von der Bundesrepublik Deutschland aus ihren unwiderstehlichen Siegeszug um die ganze Welt angetreten. Dort war es in den sechziger Jahren einem Professor für Religionswissenschaften mit Namen Georg Picht gelungen, mit einem einzigen Artikel, der in einer großen Wochenzeitung unter dem Titel »Die große Bildungskatastrophe« erschienen ist, die Bundesrepublik wachzurütteln und damit die damalige Bundesregierung zu zwingen, Bildungspolitik zu einem Schwerpunkt der Regierungsarbeit zu machen.

Seitdem haben viele Länder in diese Klage eingestimmt, und man wird auf der ganzen Welt kaum ein Land finden, in dem der Zustand des Bildungswesens nicht als zumindest »kritisch« diagnostiziert würde. Wenn man die Diagnosen miteinander vergleicht, so fällt auf, daß der Zustand des jeweiligen eigenen Bildungswesens als besonders bedenklich und erbärmlich eingestuft wird. Die Zustände in fremden Ländern werden als weniger lebensbedrohend erlebt und manchmal sogar als ausgesprochen gesund. Und es gibt kaum ein Land, das nicht eine Statistik parat hält, derzufolge die eigenen Mittel für Bildung, Forschung und Entwicklung nur einen Bruchteil der Mittel ausmachen würden, die anderen Nationen zur Verfügung stünden.

Die schlimmsten Horrormeldungen kommen derzeit aus den Vereinigten Staaten. Da soll fast ein Viertel aller Vierzehnjährigen mehr oder weniger Analphabeten sein, die Mehrheit der High-School-Absolventen ist angeblich nicht in der Lage, auf der Landkarte den Atlantik oder den Pazifik zu orten, und 60 Prozent von ihnen sollen nicht imstande sein, dem Mathematikunterricht zu folgen. Angesichts dieser Hiobsbotschaften kann die Meldung schon nicht mehr überraschen, daß sogar viele amerikanische Lehrer Probleme mit der Grammatik und der Orthographie ihrer Muttersprache haben.

An diesen Nachrichten mag vieles übertrieben sein. Das ändert aber nichts daran, daß das amerikanische Bildungssystem in bezug auf Breite und Tiefe des vermittelten Wissens sowohl dem europäischen als auch dem japanischen sicherlich unterlegen ist. Und dieses Defizit können auch die hervorragenden amerikanischen Elite-Universitäten nicht wettmachen. Die Unterlegenheit ist so eklatant, daß man die Frage stellen muß, ob zwischen Bildung und Ausbildung, so wie wir sie verstehen, und Managementerfolg wirklich der große, direkte Zusammenhang besteht, wie er immer wieder hergestellt wird.

Die Amerikaner sehen diesen Zusammenhang ohnehin nur in einem beschränkten Umfang. Bildungsfeindlichkeit zählt da durchaus zum guten Unternehmerton. »Geschichte ist Müll!« So hat Henry Ford II einmal auf die Frage geantwortet, welchen Stellenwert für ihn die Geschichte habe. Und Ray Kroc, der Mann, der aus einer kleinen Restaurantkette von lokaler Bedeutung ein Weltunternehmen namens McDonald's gemacht hat, hat einmal gesagt: »Amerika krankt nicht daran, daß es zu wenig gute College-Absolventen gibt. Amerika krankt daran, daß es zu wenig gute Fleischhauer gibt.« Nicht gerade Aussagen, die dazu geeignet sind, als Beleg für den Glauben an den Wert der Bildung in den Vereinigten Staaten zu dienen.

Mit der Breite und Tiefe des Wissens mag es in den USA nicht weit her sein. Dafür vermittelt das amerikanische Bildungssystem etwas Kostbares, das wenig mit Wissen zu tun hat und das man in der Form sonst nirgendwo auf der Welt findet. Die Vereinigten Staaten erziehen ihre Kinder zu Selbstvertrauen.

Von Zeit zu Zeit spiele ich in Wien auf einer Anlage Tennis, die an den Sportplatz der amerikanischen Schule angrenzt. An einem schönen Herbstvormittag sah ich von meinem Platz aus einer Klasse halbwüchsiger Buben beim Fußballspielen oder besser gesagt beim -üben zu. Es wurde gerade das Schießen von Eckbällen trainiert. An der Reihe war ein ungefähr Vierzehnjähriger, der erkennbar wenig Talent für diesen Sport hatte. Jedenfalls landete der erste Versuch eines Corner-Schusses weit hinter dem Tor. Da ruft der amerikanische Lehrer: »Great, Jonny, great. You can do it. Do it again!« Beim zweiten Versuch rollte der Ball »verhungernd« Richtung Mittelauflage. Da ruft der Lehrer wieder: »Very good. Try it again!« Ich glaube nicht, daß es viele europäische Lehrer gibt, die den augenscheinlichen Mißerfolg auf so anfeuernd-positive Weise kommentiert hätten.

Damit sind wir bei der entscheidenden Frage: Wie muß eine Bildung aussehen, damit sie den späteren Erfolg als Manager, wenn schon nicht garantiert, so doch zumindest wahrscheinlich macht? Ich sehe Bildung nicht so eindimensional, daß sie nur beruflichen Erfolg sicherzustellen hat, aber an dieser Stelle soll uns nur dieser Aspekt interessieren. Ist es gediegenes Wissen, sind es bestimmte Charakter- und Persönlichkeitseigenschaften, die sich in einem Bildungsprozeß formen lassen, oder ist es etwas drittes?

Beim Versuch einer Antwort stoßen wir gleich zu Beginn auf eine große Schwierigkeit. Wenn ein junger Mensch das Ziel haben sollte, ein anerkannter und erfolgreicher Herzchirurg zu werden, so läßt sich für ihn ein ziemlich präziser Ausbildungsweg definieren. Die erfolgreiche Absolvierung dieser Ausbildung mag ihn zwar nicht notwendigerweise zu einem Herzchirurgen von der Bedeutung machen, die er sich zu Beginn seiner Karriere erträumt hat, aber sie wird aus ihm auf alle Fälle einen Spezialisten machen, der 95 Prozent aller bekannten Operationsmethoden beherrscht und dem man sich als Patient getrost anvertrauen kann. Und was noch wichtiger ist: Ohne diese Ausbildung würde es nicht einmal zu einem Routineeingriff am Herzen reichen. Beim Herzchirurgen ist die Ausbildung nicht substituierbar. Ähnliches gilt für Universitätsprofessoren der Atomphysik oder der Altphilologie. Um nur in die Nähe einer Habilitierung zu kommen, muß man diese Fächer nicht nur studiert, sondern sich darüber hinaus jahrelang fachspezifisches Wissen angeeignet haben. Und es ist geradezu unvorstellbar, daß jemand, der im Alter von fünfzig Jahren die schwierigsten Eingriffe am offenen Herzen vornimmt, bis

zu seinem vierzigsten Lebensjahr zum Beispiel Journalist gewesen ist.
Bei Unternehmern und Managern ist die Situation ganz anders. Da gibt es erfolgreiche Leute mit einer »passenden« formalen Ausbildung. Aber viele Manager sind mit einer »unpassenden« Ausbildung genauso erfolgreich. Und schließlich gibt es höchst erfolgreiche Vertreter dieses Berufsstandes, die überhaupt keine höhere Ausbildung haben, die sie durch Zeugnisse belegen könnten. Daniel Goeudevert, der Chef von Ford Deutschland, ist ein ehemaliger Philosophieprofessor, der Präsident der Deutschen Bundesbank, Karl Otto Pöhl, hat viele Jahre als Journalist gearbeitet, und die österreichischen Chefs der besten Skifirmen der Welt haben nie in ihrem Leben den Hörsaal einer Universität betreten. Eine »passende« Ausbildung ist offensichtlich keine conditio sine qua non.
Für die Ausbildung zukünftiger Manager an Schulen und Hochschulen hat das mehrere Konsequenzen. Davon sind zwei besonders gravierend: Erstens bietet die Tatsache, daß man auch ohne adäquate Ausbildung ein sehr erfolgreicher Manager sein kann, viel Nahrung für die zumindest unterschwellig vielfach gehegte Überzeugung, daß Managementerfolg weitgehend ausbildungsunabhängig ist. Zum Manager wird man geboren! Es stimmt zwar, daß manche Leute als Manager geboren werden, aber es stimmt nicht, daß man zum Manager geboren wird. Die zweite Konsequenz ist die, daß eine allgemeine Ratlosigkeit darüber herrscht, was denn nun wirklich die Manager von morgen auf den Schulen und Hochschulen lernen sollen. Unsere wesentlichsten Bildungsziele wurden zu einem Zeitpunkt entwickelt, zu dem sich niemand etwas unter dem Beruf des Managers vorstellen konnte. Ich bin überzeugt davon, daß die Humboldtsche Universitätsreform ganz anders ausgesehen hätte, wenn es damals schon den Manager, wie wir ihn heute kennen, gegeben hätte. Diese Ratlosigkeit gipfelt in dem Rat oder vielmehr der Forderung, daß die Ausbildung praxisgerechter werden müsse.
Ich halte die Frage der Praxisnähe der Ausbildung für eine in ihrer Bedeutung stark überschätzte Frage des Bildungswesens. Sie hat schon heute nicht die Bedeutung, die ihr vielfach zugeschrie-

ben wird, und sie verliert mit jedem Tag, den die Zukunft bringt, weiter an Bedeutung. Eine fünfjährige Ausbildung im Hörsaal, auch wenn sie ein Optimum an Praxisnähe bietet, kann maximal sechs bis zwölf Monate tatsächlicher Praxis ersetzen. Und was ist schon ein knappes Jahr im Vergleich zu einem ganzen Berufsleben, das vierzigmal so lange dauert? Dazu kommt, daß fast täglich neue Berufsbilder entstehen. Schulen und Hochschulen wären hoffnungslos überfordert, würden sie versuchen, ihre Ausbildungsziele ständig den neuen Berufsbildern anzupassen.
Im großpersischen Reich zu Zeiten des Kyros und Xerxes hießen die Ausbildungsziele für junge Perser Reiten und Bogenschießen. Also äußerst praxisnahe Ziele. Das war auch sinnvoll, denn nach Abschluß ihrer Ausbildung hatten die meisten Perser ihr ganzes Leben lang nichts anderes zu tun, als zu reiten und mit dem Bogen zu schießen. Je statischer ein Berufsbild ist, um so größer ist die Relevanz der Praxisgerechtigkeit der Ausbildung dafür. Je dynamischer es ist, um so geringer ist diese Relevanz.
Das heutige Ausbildungsziel einer Universität kann nicht darin liegen, einen Fünfundzwanzigjährigen so auszubilden, daß er bei Berufseintritt unmittelbar »brauchbar« ist. Es muß darin liegen, ihn geistig so fit zu machen, daß er die Aufgaben, die fünfzehn bis zwanzig Jahre später auf ihn zukommen und die er heute noch gar nicht kennen kann, bewältigt. Ich habe schon einmal auf das Beispiel der Computerfirma Digital Equipment hingeweisen, wo bei einem Mitarbeiter-Durchschnittsalter von 35 Jahren zwei Drittel aller Mitarbeiter nicht mehr in einem Beruf tätig sind, für den sie ursprünglich ausgebildet wurden. Allerdings sollte es auch in der Ausbildung der Zukunft zwei praktische Disziplinen geben, die die Funktionen des Reitens und Bogenschießens im Ausbildungsplan der Perser des Altertums übernehmen. Dabei handelt es sich um das Erlernen von Fremdsprachen und das Erlernen der Fähigkeit, mit einem Personalcomputer umzugehen. Bei aller Schnelligkeit, mit der sich die Berufsbilder in der Zukunft verändern werden, werden diese beiden Fähigkeiten Fixpunkte fast jedes Berufsbildes sein.
Die Ausbildung der Zukunft muß die Fähigkeiten und Eigenschaf-

ten fördern, die den Umgang mit den Phänomenen der Wirtschaft der Zukunft ermöglichen. Zu diesen Phänomenen gehören:

1. Die Geschwindigkeit, mit der sich Veränderungen auf dem Markt und in den Unternehmen vollziehen, nimmt immer mehr zu.
2. Nachdem unser Wissen so schnell veraltet, verändert sich auch der Stellenwert der Erfahrung. Die Erfahrung wird nicht mehr ausschließlich Schatz, sondern zunehmend Bürde und Last sein.
3. Wenn wir schon nicht mehrmals den Beruf wechseln, so werden sich doch unsere Berufsinhalte permanent ändern.
4. Die Marktverhältnisse und die Umweltbedingungen verändern sich laufend, gleichzeitig vernetzen aber diese Veränderungsvorgänge immer stärker. Es gibt keine isolierten Veränderungen mehr.

Was bedeuten diese Phänomene für den Manager? Sie verlangen zunächst einmal ein Höchstmaß an intellektueller Neugierde. Scheuklappen sind weniger denn je der passende Kopfschmuck für Manager. Hörrohre, Ferngläser und Periskope müssen her. Für die Ausbildung bedeutet das, daß nicht nur Wissen vermittelt werden darf, sondern auch die Fähigkeit, ständig neues Wissen zu erwerben.

Nun gibt es erstaunlich viele Leute, die meinen, daß es ein besonders typisches Kennzeichen dieser intellektuellen Neugierde sei, von vielen Dingen etwas zu wissen. Wer von einer Sache sehr viel weiß, ist dagegen als Spezialist oder Fachidiot in Mißkredit geraten. Hier findet allerdings eine Begriffsverwechslung statt. Was als intellektuelle Neugierde ausgegeben wird, ist in Wahrheit nur fluktuierende Aufmerksamkeit. Wer nicht den Ehrgeiz hat, zumindest auf einem Sachgebiet völlig sattelfest zu sein, der ist vielleicht neugierig, aber ganz sicher nicht intellektuell. Eine Universitätsausbildung muß daher dafür sorgen, daß Absolventen auf einem Fachgebiet Spitzenleistungen erbringen und daß ihr Geist voll und ganz gefordert wird. Das kann ruhig sehr theoretisch sein. Aber die Ausbildung muß auch dazu anhalten, über den Tellerrand des eigenen Fachgebietes hinauszublicken.

Kaum weniger wichtig als intellektuelle Neugierde ist Kreativität.

Der britische Psychologe Tony Buzan hat beim 17. Internationalen Managementsymposium in St. Gallen in seinem Referat gesagt: »Zehntausende von Stunden werden für Lesen, Schreiben und Büffeln verwendet, nicht eine einzige auf Kreativität.« Und er hat dann unter beifälligem Nicken der hochkarätigen Zuhörerschaft die rhetorische Frage gestellt, wie Manager kreativ sein könnten, wenn diese Talente nie gefordert oder gar gefördert würden.

Das mit der fehlenden Forderung stimmt nicht ganz. Kreativität steht sehr wohl in jedem Anforderungskatalog für Führungskräfte. Anders ist es mit der Förderung. Im gesamten Erziehungs- und Bildungsangebot gibt es tatsächlich nichts, was man als gezielte Förderung des Kreativpotentials bezeichnen könnte.

Intellektuelle Neugierde und Kreativität sind Eigenschaften, die einen großen Nachteil haben. Sie sind schwer prüfbar und sicher nicht meßbar. Solange unser Ausbildungssystem ausschließlich auf Prüfbarkeit und Meßbarkeit abgestellt ist, kann es nicht gelingen, diese beiden Eigenschaften zu wirklich vorrangigen Bildungszielen zu machen. Auf absehbare Zeit werden sie Nebenprodukte unseres Bildungssystems bleiben.

Ein interessantes Pilotprojekt haben die Japaner, deren Bildungssystem ja im Ruf steht, besonders auf Drill und Büffeln ausgelegt zu sein, gestartet, um das kreative Potential zu fördern. Sie sind dabei, mehr als ein Dutzend ihrer High-Tech-Städte zu einem Netzwerk zu verbinden mit dem Ziel, Wissenschaft, Technik und Kultur miteinander zu verflechten und so das Kreativpotential ihrer zukünftigen Wissenschaftler und Manager zu stärken. Daß es in Japan auch bereits einen sehr engagierten Verein gibt, der sich »Verein der Freunde des 21. Jahrhunderts« nennt, zeigt, in welchen Dimensionen man in Japan zu denken beginnt, um das Kreativitäts- und Innovationsdefizit, das man den Japanern nach wie vor nachsagt, in einen Vorsprung umzuwandeln.

In der ganzen Debatte um die Malaise des Bildungssystems kommt übrigens ein Aspekt viel zu kurz: der Aspekt der Selektion. Und zwar nicht der Selektion der Auszubildenden, sondern der Selektion der Ausbilder. Ich selbst hatte in meiner Gymnasialzeit eine Reihe hervorragender Lehrer, denen ich viel verdanke.

Aber das war Glück und nicht Ergebnis einer bewußten Auswahl, Und an der Universität hatte ich dann auch schon weniger Glück. Ein Unternehmen, dessen Manager heute auf dem Standpunkt stehen würden, Motivation sei in erster Linie eine Bringschuld der Mitarbeiter, wäre, ehe es sich versieht, kein Unternehmen mehr. Führungskräfte in der Wirtschaft werden heute bewußt danach ausgesucht, ob sie die Fähigkeiten haben, die schlummernden Talente ihrer Mitarbeiter zu wecken und sie zu Fleiß und Selbstüberwindung anzuspornen. Bei der Auswahl von Lehrern spielt die Frage ihrer Motivationsfähigkeit so gut wie keine Rolle. Eine Prüfung in Pädagogik oder eine Probevorlesung sind als Nachweis für diese Motivationsfähigkeit untauglich!

Forschung und Lehre sind an den Hochschulen dem Gesetz nach gleichrangig. In der Praxis spielen aber die Forschung und der Nachweis der Fähigkeit, wissenschaftlich arbeiten zu können, die ausschlaggebende Rolle bei der Besetzung von Lehrstühlen.

Natürlich stellen die Begleiterscheinungen der Massenuniversität ein riesiges Motivationshandikap dar, und ein guter Teil solcher Fähigkeiten muß angesichts eines mit bis zu tausend Studenten besetzten Hörsaales verpuffen. Aber eben nur ein Teil. Auch der größte universitäre Massenbetrieb kann nicht verhindern, daß die Studenten ein sicheres Gefühl dafür entwickeln, wessen Vorlesungen man mit Gewinn hören kann und wer seine Übungen spannend und abwechslungsreich gestaltet. Das gilt in einem noch viel stärkeren Ausmaß für die Lehrer an Gymnasien und höheren Schulen. Sie sind kaum mit einem wirklichen Massenproblem konfrontiert. Als Eltern sind wir an der Zukunft unserer Kinder nicht wirklich interessiert, wenn wir es hinnehmen, daß der Zugang zu einem der gesellschaftspolitisch wichtigsten Berufe nur nach Kriterien geregelt ist, die mit seinen Hauptaufgaben wenig zu tun haben.

Für die Wirtschaft, der die bestmögliche Ausbildung ihrer zukünftigen Manager allerhöchstes Anliegen sein muß, ergeben sich daraus zwei Konsequenzen. Erstens muß sie ihren ganzen Einfluß – und der wird immer beträchtlicher – geltend machen, damit die Selektionskriterien für Lehrer und Hochschullehrer verändert werden. Nicht in dem Sinn, daß dafür Sorge getragen werden soll, daß keine Kritiker des marktwirtschaftlichen Systems berufen werden dürfen, sondern in dem Sinn, daß der Fähigkeit, bei Schülern und Studenten Neugierde und Interesse zu wecken, im Auswahlverfahren ein entsprechender Stellenwert eingeräumt wird. Und zweitens müssen Wirtschaft und Industrie akademische Neigungen ihrer Führungskräfte fördern.

Es ist so viel von der gesellschaftspolitischen Verantwortung der Unternehmen die Rede. Viele verstehen darunter die Verpflichtung von Unternehmen, ihren Managern die Übernahme von politischen Funktionen zu ermöglichen. Das ist durchaus sinnvoll und wichtig. Aber noch sinnvoller und wichtiger im Sinne dieser Verantwortung wäre es, Führungskräften die Möglichkeiten einzuräumen, als Dozenten und Lehrer tätig zu sein. Und ich halte es für durchaus denkbar, daß es in fünfzig Jahren den Lehrberuf als einen Beruf, den jemand sein Leben lang ausübt, nicht mehr gibt. Und daß die Lehrer und Professoren der Zukunft Führungskräfte sein werden, die diesen Beruf auf einer Job-Rotation-Basis ausüben.

Ich habe vorhin gesagt, daß ich die Bedeutung der Praxisnähe der Ausbildung für überschätzt halte. Nicht für überschätzbar halte ich allerdings die Bedeutung des Praktikers in der Ausbildung. Es beginnt sich ja an den Wirtschaftsuniversitäten der begrüßenswerte Trend durchzusetzen, Leute mit Industrie- und Führungserfahrung auf Professoren- und Dozentenstellen zu berufen. Den Wert einer solchen Berufungspraxis sehe ich allerdings nicht so sehr darin, daß die Studenten dadurch eine Ausbildung erhalten, die sie beim späteren Einstieg in den Beruf unmittelbar nützen können. Der Wert liegt darin, daß Lehrer, die in ihren Seminaren und Vorlesungen aus ihrer praktischen Erfahrung schöpfen können, eine bessere Chance haben, bei den Studenten einen hohen Aufmerksamkeitsgrad zu erreichen. Wenn ein Professor an der Wiener Wirtschaftsuniversität, der vor seinem Einstieg in die akademische Laufbahn Vorstandsmitglied einer deutschen Brauerei war, mit seinen Studenten die Rentabilität von in Planung befindlichen Golfplätzen untersucht, so liegt der große Vorzug dieser Lehrmethode nicht darin, daß man dieses dadurch erarbeitete Wissen im Beruf unmittelbar verwerten kann. Der entscheidende

Vorzug liegt darin, daß diese Unterrichtsart im Vergleich zum Lernen aus dem Lehrbuch viel spannender und interessanter ist. Und Spannung ist nun einmal eine starke Triebfeder für intellektuelle Neugierde und Ehrgeiz.

Bei aller berechtigten Kritik am schulischen und universitären Ausbildungswesen muß man aber klar sehen, daß die gefährlichste Zeitbombe im betrieblichen Bildungswesen tickt. Bis in die späten fünfziger Jahre war Fortbildung in Betrieben und Unternehmen so gut wie unbekannt. Viele Firmen verfügten zwar schon damals über ein mustergültiges Lehrlingsausbildungsprogramm, aber damit hatte es sich auch schon. Training fand ausschließlich »on the job« statt, und für Weiterbildung bestand wenig Bedürfnis und auch wenig Bedarf. Ausbildung und Beruf waren zwei getrennte Welten, jeweils eigenen Lebensabschnitten zugeordnet. Daher stammt auch die nach wie vor weitverbreitete Anspruchsmentalität: Durch eine mit Zeugnissen belegbare Ausbildung erwerbe ich das Anrecht auf eine bestimmte Position.

In den sechziger Jahren setzte in Sachen betrieblicher Ausbildung ein Umdenkprozeß ein. Großfirmen installierten Trainee-Programme, in Firmenorganogrammen fanden sich mit einemmal Schulungsabteilungen, und überbetriebliche Ausbildungsinstitute erlebten ihren ersten Boom. Auffallend war, daß Ausbildung damals vor allem bei florierenden Wachstumsunternehmen »in« war. Und ich erinnere mich noch an viele Diskussionen aus der damaligen Zeit, die um die Frage gekreist sind, ob Wachstum und Gewinn dieser Unternehmen eine Folge ihrer Ausbildungsgesinnung waren oder ob umgekehrt die Ausbildungsgesinnung sich aus ihrem profitablen Wachstum ergab. Die Behauptung stand damals im Raum, daß Weiterbildung eine Sonderform von freiwilligen Sozialleistungen wäre, eher dazu da, Prestigebedürfnisse und seelische Hygienebedürfnisse von Mitarbeitern zu stillen, als einer objektiven Notwendigkeit Rechnung zu tragen. Die von den Gewerkschaften erhobene Forderung nach einem Bildungsurlaub hat die Überzeugung in diese objektive Notwendigkeit auch nicht gerade gestärkt. Die Kombination der Begriffe »Bildung« und »Urlaub« war äußerst unglücklich gewählt und

hatte in den Ohren vieler Unternehmer und Manager einen geradezu verräterischen Klang.
Der wirklich große Durchbruch ist der betrieblichen Weiterbildung allerdings bis heute nicht gelungen. Eine richtige Bildungskultur ist nicht entstanden. Selbst Unternehmen, die viel für die Weiterbildung ihrer Mitarbeiter tun, neigen im Fall von Sparmaßnahmen dazu, als erstes das Schulungsbudget auf Speck hin zu untersuchen. Was nicht gerade für den Glauben an den Wert von Schulungen spricht. Dieser Glaube scheint allerdings auch bei den betroffenen Managern und Mitarbeitern selbst nicht besonders ausgeprägt zu sein. Anders ist es nicht zu erklären, daß Manager und Mitarbeiter Ausbildung fast ausschließlich als Bringschuld des Unternehmens betrachten. Nach einer kürzlich veröffentlichten Umfrage des Düsseldorfer Marktforschungsunternehmens Intermarket gibt der durchschnittliche leitende Angestellte in der Bundesrepublik Deutschland pro Tag 35 Pfennig für seine Weiterbildung aus, also den Gegenwert von zirka zwei Zigaretten.
Man muß der Wahrheit die Ehre geben und einräumen, daß daran nicht nur hartleibige Finanzchefs einerseits und kurzsichtige Mitarbeiter andererseits schuld sind. Das verfügbare Weiterbildungsangebot innerhalb und außerhalb der Unternehmen ist leider nicht immer von einer Qualität, die es schwer machen würde, darauf zu verzichten.
Die Zukunft muß hier radikale Veränderungen bringen. Und sie wird es auch. Die Leute, die heute in den Beruf eintreten, werden bis zu ihrer Pensionierung im Durchschnitt ihren Berufsinhalt viermal völlig verändert haben. Um diese Umstiege erfolgreich zu schaffen, werden Erfahrung, Fleiß und Intelligenz allein nicht ausreichen. Das kann nur geschehen, wenn wir das Schlagwort vom »lebenslangen Lernen« nicht als Bedrohung, sondern als wirkliche Chance begreifen. Für dieses »lebenslange Lernen« zeichnen sich folgende Trends ab:

1. Die Weiterbildungsinhalte rücken in den Vordergrund, das Weiterbildungsumfeld in den Hintergrund.
   Die Attraktivität eines Weiterbildungsprogramms wird bis jetzt vielfach an der Attraktivität des Tagungsortes oder des Rahmenprogramms gemessen. Ein Gutteil des Bildungsbudgets ist

bisher nicht so sehr in Breite und Tiefe des inhaltlichen Angebotes, sondern in die Ausstattung geflossen. Die Bildungskosten der Zukunft werden so enorm werden, daß diese Ausstattungsstandards nicht aufrechterhalten werden können.

2. Die fachliche Weiterbildung wird mehr und mehr am Arbeitsplatz stattfinden.
   Die Möglichkeiten der modernen Kommunikationstechnologien werden viel stärker für das fachspezifische Training ausgeschöpft werden. Bildschirme werden Trainerfunktion übernehmen.
3. Die Zahl der hauptamtlichen Ausbildungsexperten und Trainer in den Unternehmen wird vergleichsweise abnehmen.
   Auch das Trainerwissen wird in Zukunft so schnell veralten, daß man mehr und mehr dazu übergehen wird, die jeweils kompetentesten Spezialisten und Manager als Trainer einzusetzen. Damit wird auch eine stärkere Identifizierung des Managements mit den Weiterbildungsanliegen erreicht.
4. Weiterbildungsmöglichkeiten in Unternehmen werden zu einem Auswahlkriterium für Bewerber.
   Wir sind es gewohnt, daß Bewerber Einkommensmöglichkeiten, Betriebsklima und Sozialleistungen bei einer Entscheidung für ein Unternehmen ins Kalkül ziehen. Es wird nicht mehr lange dauern, bis Unternehmen beginnen werden, Bildungsbilanzen publik zu machen, um mit ihnen in der Öffentlichkeit Pluspunkte zu sammeln.
5. Die Mitarbeiter werden ihren Ausbildungsbedarf selbst definieren.
   Im Wissen um die zukünftige Bedeutung der Weiterbildung für die Sicherheit des Arbeitsplatzes werden die Mitarbeiter die Feststellung des Ausbildungsbedarfs nicht mehr dem Management allein überlassen. Die Forderung nach Weiterbildungsmaßnahmen wird eine Vehemenz erreichen, wie wir sie bisher nur von der Forderung nach sozialen Verbesserungen gewohnt sind.
6. Das verbesserte Bildungsklima wird dazu führen, daß Mitarbeiter auch auf eigene Kosten etwas für ihre Weiterbildung tun werden.

Es gibt jetzt schon eine Reihe von Untersuchungen, die belegen, daß es zwischen der Bildungsfreundlichkeit von Unternehmen und der ihrer Mitarbeiter eine positive Korrelation gibt. Je mehr ein Unternehmen für seine Mitarbeiter in Sachen Weiterbildung aufwendet, um so mehr sind die Mitarbeiter selbst bereit, für ihre Bildung aufzuwenden.

7. Das individuelle Bedürfnis nach Weiterbildung im Persönlichkeitsbereich wird noch stärker steigen als das Bedürfnis nach fachlicher Weiterbildung.
   Dieses Phänomen hat mit dem verstärkten Wunsch nach persönlichem Wachstum und auch mit der immer öfter gestellten Sinnfrage zu tun. Philosophische, kulturelle und soziale Themenstellungen werden im Bildungsangebot einen sehr prominenten Platz erhalten.

John Naisbitt hat schon vor Jahren vorausgesagt, daß die Bildungsindustrie eine der am stärksten wachsenden Industrien der Zukunft sein wird, vergleichbar mit der Telekommunikations-, der Gesundheits- und der Freizeitindustrie. So wie viele die Verbindung der Begriffe »Bildung« und »Urlaub« stört, so werden viele die Verbindung der Begriffe »Bildung« und »Industrie« ablehnen. Aber es wird tatsächlich eine Bildungsindustrie sein müssen, weil nur sie die Nachfrage wird befriedigen können.

Die Leistung der Manager wird sich in Zukunft mehr denn je lohnen

Im Jahre 1974 hat der damalige Chairman und Chief Executive von ITT, Harold Geneen, 791 000 Dollar jährlich verdient. Damit war er damals der höchstbezahlte Manager der Vereinigten Staaten. Zehn Jahre später hieß der höchstbezahlte Manager Amerikas T. Boone Pickens. Mit 23 Millionen Dollar hat er das Einkommen von Geneen um 3 000 Prozent übertroffen! Aber auch Mr. Pickens konnte sich seines Rekords nicht lange erfreuen. Er ist schon ein Jahr später von Lee Iacocca abgelöst worden.

Nun lassen sich die Zahlen nicht wirklich miteinander vergleichen, weil sich in diesen Jahren die amerikanischen Vorschriften darüber, welche Einkommensbestandteile veröffentlicht werden müssen, ziemlich verändert haben. Und höchstwahrscheinlich war der Harold Geneen der siebziger Jahre nicht der arme Schlucker, der er im Vergleich zu den Spitzenmanagern der achtziger Jahre zu sein scheint. Aber neue Veröffentlichungsrichtlinien hin oder her, es steht fest, daß die Topmanager-Gehälter in den USA in den letzten fünfzehn Jahren geradezu explodiert sind. Allein von 1987 auf 1988 sind die Einkommen der amerikanischen Chief Executives um 48 Prozent gestiegen. Selbst das durch und durch marktwirtschaftlich orientierte amerikanische Wirtschaftsmagazin »Fortune«, das zur Institution des Gewinns ein ganz und gar ungebrochenes Verhältnis hat, konnte es sich nicht versagen, zu dem Phänomen der Managergehälter einen Artikel unter dem bezeichnenden Titel »The Madness of Executive Compensation« zu veröffentlichen.

In Europa hat die Entwicklung der Managergehälter zumindest in den ersten zehn Jahren dieser Fünfzehnjahrperiode einen ganz anderen Verlauf genommen. Das Schlagwort, das für diese Entwicklung verantwortlich und für viele Manager ein Reizwort war, hieß »soziale Symmetrie«. Dahinter verbarg sich ein schlichter Grundsatz: Wenn der Gürtel generell enger geschnallt werden muß, dann sollen die guten Verdiener diesen Gürtel noch um ein Loch enger machen müssen als die, die weniger gut verdienen. Bei vielen Managern stieß dieses Konzept damals auf erbitterten Widerstand, und mit Vorwürfen der Nivellierung, der Gleichmacherei und der Perversion des Leistungsprinzips war man schnell bei der Hand. Ein amerikanischer Manager in Europa stellte angesichts seiner Gehaltsentwicklung einmal kopfschüttelnd fest: »We've got corporate socialism, not corporate capitalism.«

Heute kann auch in Europa von »Corporate Socialism« beim schlechtesten Willen keine Rede mehr sein. Es wird derzeit sehr viel vom Wertewandel gesprochen, vom steigenden Bedürfnis nach Freiheit und Selbstverwirklichung, von einer abnehmenden Bereitschaft, sich zu überwinden und zu quälen, vom Trend zum Individualismus und Hedonismus. Jedenfalls lauter Entwicklungen, die von manchen Führungskräften als geradezu bedrohlich und von vielen als zumindest irritierend empfunden werden. Darüber vergißt man leicht, daß im gleichen Zeitraum auch ein Wertewandel in eine Richtung stattgefunden hat, der von Unternehmern und Managern als durchaus positiv und ermutigend empfunden werden sollte. Dazu gehört, daß das Niveau des Ansehens, das Manager und Unternehmer in der Öffentlichkeit genießen, bei aller kritischen Einstellung längst die Talsohle durchschritten hat. Die Zeiten, in denen Politiker durch bewußte Demonstration der Distanz zu Managern und ihren sogenannten Privilegien billige Popularitätsgewinne einheimsen konnten – und zwar je penetranter, um so erfolgreicher –, sind längst vorbei. Die Überzeugung, daß sich Leistung lohnen soll, gilt nicht mehr als Produkt einer verabscheuungswürdigen Ausbeutermentalität. Vorschläge zur Anhebung von Grenzsteuersätzen kommen nur mehr von einem kleinen Häuflein ultradogmatischer Linker. Wo immer in letzter Zeit Grenzsteuersätze verändert wurden, hat man sie gesenkt und nicht angehoben.

Das Resultat dieses Wertewandels schlägt sich auch auf den Gehaltsstreifen der Manager nieder. Die Managereinkommen wachsen wieder, und zum Teil beträchtlich. Die Zeiten sind vorbei, in denen die Gehaltserhöhungen nicht einmal die Inflationsrate abdeckten und in denen Realeinkommensverluste an der Tagesordnung waren. Ein internationaler Einkommensvergleich zeigt, daß noch Anfang der achtziger Jahre die Gehaltserhöhungen für Manager in fünfzehn europäischen Ländern dem Anstieg der Lebenshaltungskosten hinterhergehinkt sind. Heute liegen die durchschnittlichen Gehaltserhöhungen teilweise beträchtlich über der Inflationsrate. Und zwei Prognosen für die Zukunft sind zulässig: erstens, daß die Führungskräfteeinkommen schneller steigen werden als die Einkommen der Nichtführungskräfte, und zweitens, daß sich innerhalb des Führungskräftebereiches die Schere zwischen Spitze und Mittelmaß weiter vergrößern wird. Das hat nicht nur mit wieder steigenden Unternehmensgewinnen und dem neuen Zeitgeist zu tun. Es hat auch mit der steigenden Nachfrage nach Führungskräften und vor allem mit Veränderungen in den Gewohnheiten zu tun, wie diese Nachfrage befriedigt wird. Immer mehr Unternehmen gehen dazu über, ihre Managerkader nicht in erster Linie unter dem Kostengesichtspunkt, sondern unter dem Investitionsgesichtspunkt zu betrachten. Von den Unternehmen wird zunehmend realisiert, daß es für gutes Management keinen Ersatz und keine Alternative gibt. Sie sind bereit, diese Erkenntnis auch in barer Münze auszudrücken. Dazu kommt das Phänomen von der Umkehr der Bewerberrolle, von der wir schon gesprochen haben. Die Zahl der Manager, die sich bei Firmen bewerben, wird kleiner, und die Zahl der Firmen, die sich bei Managern bewerben, wird größer. Diese Umkehr des Bewerbungsvorganges wirkt sich auf das Klima aus, in dem Gehaltswünsche diskutiert werden. Gehälter von »geheadhunteten« Managern tendieren stärker nach oben als die von anderen. Manche Unternehmer machen dafür die Beratungsunternehmen verantwortlich. Sie werfen ihnen vor, prinzipiell die teuersten Kandidaten zu präsentieren, weil sich das vorteilhaft auf die Höhe ihres Honorars auswirken würde. Der Vorwurf ist völlig ungerechtfertigt. Nicht deswegen, weil jeder Berater prinzipiell ein Ausbund an Selbstlosigkeit ist und ausschließlich das Kundeninteresse im

Auge hat. Der Vorwurf geht aus einem viel einleuchtenderen Grund ins Leere: dem Eigeninterese des Beraters. Der Berater zieht einen Suchfall vor, den er nach drei bis vier Monaten erfolgreich abschließt, weil er überzeugende Kandidaten präsentieren kann, die sowohl das Anforderungsprofil erfüllen als auch mit ihren Gehaltswünschen in den vorgegebenen Rahmen passen. Ein Suchfall, der einen Berater ein halbes Jahr oder länger beschäftigt, weil die präsentierten Kandidaten zwar dem Anforderungsprofil entsprechen, aber zu teuer sind, kann nicht im Interesse des Beraters liegen, auch wenn letztlich ein ursprünglich zu teurer Kandidat das Rennen macht.
Es zählt zu den Hobbys des sehr erfolgreichen englischen Unternehmers James Gulliver, an Universitäten mit Studenten über die Wirtschaft und ihre Regeln und Zwänge zu diskutieren. Wann immer er dabei auf die Rolle der Währung im Wirtschaftsleben zu sprechen kommt, sagt er: »Es gibt eigentlich nur zwei Währungen. Die eine ist Geld, und die andere ist ***mein*** Geld.« Diese zweite Währung ist durchaus von einer Art, daß sie auch angestellte Manager sehr anspricht. Im Gespräch mit Managern kann man immer wieder hören, daß das Einkommen kein wirklich entscheidendes Kriterium für einen Positionswechsel sei. Und höchstwahrscheinlich stimmt das auch in dem Sinn, daß Spitzenleute mit einem Positionswechsel nicht in erster Linie eine Verbesserung ihres Lebensstandards anstreben. Da haben andere Motive Vorrang. Aber gleichzeitig stimmt es auch nicht. Es ist in erster Linie das Einkommen, das für einen Manager den Gradmesser seines Wertes für ein Unternehmen darstellt. Und da ich gerade unter den Spitzenleuten wenige kenne, für die eine solche Wertbestimmung von geringer Bedeutung wäre, kommen so selten Positionswechsel zustande, bei denen die Einkommensfrage nicht doch eine wesentliche Rolle spielen würde.
Jedenfalls sind 20- bis 40prozentige Gehaltssteigerungen bei Positionswechseln durchaus keine Seltenheit. Kürzlich ging eine Meldung aus Frankreich durch die Medien, die aufhorchen ließ. Dort ist der Wettbewerb um die Gunst des Fernsehpublikums so groß geworden, daß die beiden privaten französischen Fernsehanstalten den Spitzenredakteuren des staatlichen Fernsehens Gehalts-

angebote bis zum Fünffachen ihres bisherigen Jahresbezugs machten. Und das Einkommensverhältnis zwischen Spitzenredakteur und Durchschnittsredakteur beträgt dort mittlerweile 30 : 1. Hier geht es nicht um Showstars, sondern um Redakteure und Journalisten!

Wird es je vorstellbar sein, daß der private Autokonzern Peugeot einem Spitzenmann der verstaatlichten Regie Renault ein Angebot macht, das ihm das Fünffache seines bisherigen Einkommens bringen würde? Und wird je ein Manager, der von Philips aus Eindhoven zu Zanussi nach Mailand geholt wird, mit einem Einkommenssprung rechnen können, wie ihn Ruud Gullit, Europas Fußballer des Jahres 1987, bei seiner Übersiedlung vom PSV Eindhoven zum AC Milan erzielt hat? Wohl kaum. Und warum nicht? Es hat nichts damit zu tun, daß Fußballer, Showstars oder Fernsehredakteure weniger bescheiden wären als Manager. Es hat damit zu tun, daß sich die Leistung von Fußballern und Fernsehredakteuren unmittelbar messen läßt. Ob man richtig investiert hat oder falsch, erfährt man sozusagen im Real-Time-Verfahren. Die Leistung läßt sich schnell an der Zahl der verkauften Tickets oder den Einschaltquoten messen. Wenn ein Manager von Renault zu Peugeot oder von Philips zu Zanussi wechselt, tut sich zunächst gar nichts, wie glänzend auch immer sein bisheriger Rekord gewesen sein mag. Die Bestellung eines neuen Mannes senkt weder sofort die Kosten eines Unternehmens, noch löst sie den Verkauf auch nur eines einzigen zusätzlichen Kühlschrankes aus. Auch Lee Iacocca hat Jahre gebraucht, bis bei Chrysler die ersten Erfolge sichtbar wurden. Ich halte diesen Verzögerungseffekt beim Return on Investment für einen der Hauptgründe, daß im Management so spektakuläre Gehaltssprünge wie im Sport und im Showbusineß ausbleiben. Ein zweiter liegt darin, daß es im Management keine so unbestechlichen Beurteilungskriterien wie im Sport und im Showbusineß gibt. Das begünstigt den Mittelmäßigen und benachteiligt den Spitzenkönner. Und es ist eigentlich verwunderlich, daß gerade Spitzenleute nicht mehr Druck in Richtung eines Beurteilungssystems machen, das in einem Unternehmen sichtbar macht, was Spreu und was Weizen ist.

Die Tatsache, daß Topmanager immer mehr in die Rolle einer Pu-

blic figure gedrängt werden, wird sich im übrigen auf den Verzögerungseffekt beim Return on Investment auswirken. Als Lee Iacocca auf dem Höhepunkt seines Ansehens stand, hätten sicher eine Reihe von Unternehmen ein glänzendes Geschäft mit ihm gemacht, auch wenn sie ihm sein Chrysler-Einkommen von 30 Millionen Dollar verdoppelt hätten. Ein Unternehmen, das Lee Iacocca engagiert, kann mit einer unmittelbaren Erhöhung seines Bekanntheitsgrades in einem Ausmaß rechnen, wie es auch die aufwendigste und teuerste Werbekampagne nie zustande bringen würde. Und wem an der Erhöhung seines Bekanntheitsgrades nichts liegt, der mag davon profitieren, daß sich ein Unternehmen mit Lee Iacocca an der Spitze eine Kreditwürdigkeit verschaffen kann, die ein Vielfaches seines Einkommens wert ist. Von der Auswirkung auf den Aktienkurs gar nicht zu reden.
Es spricht viel für die Annahme, daß die Managereinkommen in Zukunft rascher wachsen werden als in der Vergangenheit. Ganz sicher ist allerdings, daß sich die Zusammensetzung dieses Einkommens stark verändern wird. Es wird eine Verschiebung vom Fixgehalt zum erfolgsabhängigen Einkommen hin geben. Eine Untersuchung bei 565 amerikanischen Firmen hat gezeigt, daß im Jahre 1985 7 Prozent ihrer Angestellten – Manager und Nichtmanager zusammen – zusätzlich zum Fixgehalt einen Bonus bezogen. Ein Jahr später waren es bereits 20 Prozent. In der deutschen Bundesrepublik wurden 1984 nicht einmal 50 Prozent der Manager der ersten Führungsebene erfolgsabhängig honoriert. 1987 waren es bereits über 60 Prozent. Allerdings war da der Anteil des erfolgsabhängigen Einkommens mit 16 Prozent vom Gesamteinkommen noch recht bescheiden.
Parameter für die Bewertung des Erfolges sind heute noch immer fast ausschließlich Zahlen: Umsatz- und Gewinnzahlen. Aber das wird sich in den nächsten Jahren ändern. Da Unternehmensimage, die Beziehungen des Managements zu Gewerkschaften und Betriebsräten, die Innovationsrate und die Personalentwicklung zu kritischen Erfolgsfaktoren für ein Unternehmen werden, werden sie Qualifikationskriterien für erfolgsorientierte Gehaltsprogramme sein. Die Erstellung eines solchen Incentive-Systems wird an die Mitglieder der Aufsichtsräte neue Anforderungen stel-

len. Der Aufsichtsrat wird sich nicht mehr nur mit Finanz- und Investitionsplänen eines Unternehmens befassen müssen, sondern genauso mit Imagestrategien und Konzepten zur Managemententwicklung.
Erfolgsabhängige Gehälter sind nicht jedermanns Sache, und viele Mitarbeiter und Führungskräfte haben gar keine Freude damit. Ein Bonus zusätzlich zum Einkommen – das ja! Aber ein Bonus anstelle eines Teils des Einkommens – das lieber nicht! Und sehr viele Leute, auch Führungskräfte, klagen bei jeder sich bietenden Gelegenheit darüber, daß sie in ihrem Unternehmen nicht Unternehmer sein können. Aber sie sind dann die ersten, die einen Vorschlag, ihr Einkommen unternehmerisch zu gestalten, indem man es in einen fixen und in einen erfolgsabhängigen Teil zerlegt, ablehnen. Dennoch muß man sagen: Die Widerstände werden schwächer, und alle Anzeichen sprechen dafür, daß in spätestens zehn Jahren der Manager, der ausschließlich ein Festeinkommen bezieht, eine Ausnahme darstellen wird.
Der Manager-Markt bringt es mit sich, daß die Versuchungen für Spitzenkönner größer werden. Und manche Unternehmen machen sich erstaunlich wenige Gedanken darüber, ob sie etwas dazu beitragen können, daß ihre größten Talente diesen Versuchungen widerstehen. Die Unternehmen sind gefordert, ihre ganze Kreativität und Flexibilität zusammenzunehmen, um Spitzenkönner und schwer ersetzbare Mitarbeiter an Bord zu halten. Vielfach gelingt das mit einer Kapitalbeteiligung. Das ist nicht mehr nur für kleinere Unternehmen ein brauchbarer Lösungsansatz. Reinhard Mohn, der Chef des Bertelsmann-Konzerns, hat jüngst seinen leitenden Mitarbeitern ein solches Modell angeboten, das sich wirklich sehen lassen kann. Andere werden folgen. Wie offen in der Zwischenzeit das Klima für solche Beteiligungen geworden ist, zeigt die Aussage eines Spitzenbankers: »Wenn heute ein Mitarbeiter, auf den wir nicht verzichten wollen, zu uns käme, um eine Beteiligung zu verlangen, dann wüßte ich nicht, wie wir reagieren würden. Vor zehn Jahren hätten wir ihn gefragt, ob er ganz bei Trost ist.«

Eine Karriere kann man nicht planen, man kann nur bestmögliche Voraussetzungen für sie schaffen

Als junger Recruiter bei IBM gehörte es zu meinem Standardrepertoire, Kandidaten nach ihren Karrierezielen zu fragen. Ich schätze, daß ich mindestens tausend Bewerbern diese Frage gestellt habe. Die meisten von ihnen waren durch diese Frage völlig überfordert. Offensichtlich hatten sie sich keine Vorstellungen über ihre Zukunft gemacht. Natürlich waren da auch Leute darunter, die glaubten, ihr Karriereziel verschweigen zu müssen, um sich nicht schon allzu früh als Ehrgeizlinge oder gar Konkurrenten zu deklarieren, aber ihre Zahl war sicherlich vernachlässigbar. Der weitaus überwiegende Teil der jungen Leute war tatsächlich ohne Vorstellung. Um so mehr sind mir die aufgefallen, die sehr wohl eine Vorstellung von ihrer Zukunft hatten, besonders jene, die ohne viel Umschweife erklärten, Generaldirektor werden zu wollen.

Ich muß zugeben, daß Kandidaten mit einem solchen Ziel bei mir Pluspunkte gesammelt haben. Ich hielt solche Leute erstens für offen und ehrlich, zweitens für ehrgeizig und drittens für Menschen, die wissen, was sie wollen. Besonders die dritte Eigenschaft hatte es mir angetan. Leute mit einer so präzisen Vorstellung von ihrer Zukunft imponierten mir. Für Möchtegern-Generaldirektoren hatte ich damals eine Schwäche. Eine zweite hatte ich für Leute mit einer humanistischen Ausbildung. Die zweite habe ich immer noch, von der ersten kann ich das nicht mehr sagen.

Die Leute, die behaupteten, Generaldirektor werden zu wollen, habe ich mir recht gut gemerkt. In den fast zwanzig Jahren, die seitdem vergangen sind, ist mit einer Ausnahme keiner von ih-

nen auch nur in die Nähe eines Generaldirektorensessels gekommen, weder innerhalb der IBM noch außerhalb. Dabei waren sicher einige darunter, die von ihrer Intelligenz und ihrer Dynamik her das Zeug dazu gehabt hätten, ganz nach oben zu kommen. Aus meiner heutigen Erfahrung möchte ich sagen, daß es eher einen Wettbewerbsnachteil als einen Wettbewerbsvorteil darstellt, ein in der Ferne liegendes Ziel allzu fest im Visier zu haben. Das führt zu Verbissenheit und Verkrampfung. Karriererückschritte oder auch nur Schritte zur Seite lösen dann Irritationen bis hin zur Panik aus. So kommt man leicht in einen Teufelskreis, aus dem man nicht mehr herausfindet.
Nach einer Untersuchung einer großen amerikanischen Beratungsfirma, an der sich über tausend Top-Executives beteiligten, hatten 60 Prozent von ihnen beim Berufseintritt kein spezielles Karriereziel. Karriereplanungsfetischisten werden aus dieser Umfrage ableiten, daß der Rest – und das sind immerhin 40 Prozent der amerikanischen Spitzenmanager – bei Berufsbeginn ganz konkrete Karriereziele hatte. Es darf aber bezweifelt werden, ob die Position, die sie beim Start im Auge hatten, ident war mit der, die sie jetzt bekleiden. Wenn man unter Karriereplanung versteht, sich eine bestimmte Position in den Kopf zu setzen und blindlings auf sie loszusteuern, wird man kaum zum Ziel kommen. Wenn man aber unter Karriereplanung versteht, daß man darüber nachdenkt, was die bestmöglichen Voraussetzungen für ein Vorwärtskommen sind, und diese Voraussetzungen dann auch tatsächlich schafft, dann ist die Wahrscheinlichkeit recht hoch, daß diese Form der Planung auch ein entsprechendes Ergebnis zeitigt. Wie schauen nun solche bestmöglichen Voraussetzungen aus?
Wir haben schon davon gesprochen, daß ein abgeschlossenes Studium für eine Karriere in der Industrie in Zukunft unerläßlich sein wird. Wer ein Studium mit einer betriebswirtschaftlichen Ausrichtung wählt, geht allemal auf Nummer Sicher. Aber auch ein technisches Studium bietet hervorragende Aussichten. Das Technikstudium erlebt eine Renaissance, die ihm noch vor zehn Jahren niemand zugetraut hätte. Daß sich in Zukunft der Besuch einer Business School zu einem Karrieresprungbrett entwickeln

wird, das besonders gut federt, davon war auch schon die Rede und soll hier nicht noch einmal begründet werden.
Wenn man mit Studenten spricht, so bekommt man immer wieder die Frage zu hören, ob in der Wirtschaft eher die Dauer eines Studiums oder die Noten, mit der dieses Studium absolviert wurde, als Entscheidungskriterium bei Einstellungen herangezogen würde. Offensichtlich sind viele Leute bei dieser Frage nur imstande, in Entweder-oder-Kategorien zu denken und nicht in Sowohl-als-auch-Kategorien. Mir ist keine empirische Untersuchung bekannt, die auf diese Studentenfrage eine den Regeln der Statistik entsprechende gültige Antwort geben würde. Rein gefühlsmäßig würde ich sagen, daß die Mehrheit der Beurteiler der Schnelligkeit den Vorzug gibt gegenüber der Exzellenz, oder präziser gesagt, daß eine überlange Studiendauer ein stärkeres Naserümpfen auslöst als unterdurchschnittliche Noten. Gut möglich aber, daß ich hier nur meine ganz persönliche Werteskala verallgemeinere. Und daß es in Wirklichkeit mehr Manager gibt, die eher auf die Studienergebnisse als auf die Studiendauer schauen.
Häufig wird auch gefragt, ob Diplome unterschiedlicher Hochschulen und Universitäten unterschiedlichen Stellenwert hätten. Hat man mit dem Zeugnis einer Wiener Universität größere Chancen als mit einem Zeugnis aus Linz, und hat man mit einem Zeugnis aus München bessere Karrieremöglichkeiten als mit einem Zeugnis aus Regensburg? Würde man dieselbe Frage bei amerikanischen Universitäten stellen, so müßte man sie uneingeschränkt bejahen. Nach Absolventen von Harvard, Princeton oder der Cornell University besteht eine weitaus stärkere Nachfrage als nach Absolventen von lokalen Universitäten aus Idaho, Nebraska oder Arkansas.
In der IBM in den Vereinigten Staaten hat man sich nicht damit zufriedengegeben, den Ruf bestimmter Universitäten für bare Münze zu nehmen. So hat man in den siebziger Jahren unter den Zehntausenden von Hochschulabsolventen, die bei der US-Niederlassung des Computerkonzerns beschäftigt waren, eine Untersuchung darüber angestellt, ob bestimmte Universitäten in einem statistisch signifikant höheren Ausmaß Stars produzieren als andere. Das Ergebnis dieser Untersuchung hat gezeigt, daß man un-

ter den vielen hundert amerikanischen Universitäten und Colleges ungefähr dreißig identifizieren konnte, die offensichtlich besonders kompetente und begabte Absolventen hervorbringen. Die Folge war eine Anweisung an alle Personalabteilungen, gezielt nach Absolventen dieser Universitäten – und da wiederum ganz bestimmter Studienrichtungen und Fakultäten – Ausschau zu halten.

Meines Wissens fehlt für Europa eine solche Untersuchung. Es gibt nicht einmal eine in puncto Image mehr oder weniger unbestrittene Rangordnung der Universitäten. Interessanterweise gibt es solche Rang- oder Hackordnungen bereits für die European Business Schools, aber bei den Universitäten fehlen sie. International sowieso, aber auch national. In der Bundesrepublik Deutschland gibt es zwar Versuche, eine solche Rangordnung zu etablieren, aber sehr weit sind diese Bemühungen bis jetzt nicht gediehen. Der Kölner Universitätsprofessor Fritz Bisani hat 69 Personaldirektoren nach den fünf Universitäten befragt, die ihrer Ansicht nach das Prädikat »Elite-Universität« am ehesten verdienen würden. Die Antworten waren verblüffend. Mit ganz wenigen Ausnahmen hat jeder der 69 Befragten die Universität, die er selbst absolviert hatte, zu diesen Elite-Universitäten gezählt.

Wenn man das Studium hinter sich gebracht hat, wo fängt man dann am besten an? Soll man in ein großes Unternehmen gehen oder aber in ein kleines? Und vor allem, in welchen Bereichen oder Abteilungen soll man beginnen? Führt der Karriereaufzug schneller im Verkauf nach oben oder im Finanzbereich?

Wenn auch in der Industrie der Zukunft sowohl Dinosaurier als auch Krabben ihren Platz haben werden, so sind doch Leuten, die nach oben wollen, zum Berufseinstieg eher große Unternehmen zu empfehlen. Dafür gibt es mehrere Gründe. Zunächst einmal kann man nur in einem großen Unternehmen wirklich Karriere machen, ohne das Unternehmen wechseln zu müssen. Es ist auch unter besonders ehrgeizigen Leuten nicht jedermanns Sache, um der Karriere willen die Firma zu wechseln. In einem Großunternehmen gibt es nicht nur viel Platz für die Entwicklung nach oben, sondern auch nach der Seite. Diese Entwicklungsmöglichkeit zur Seite hin sollte nicht unterschätzt werden. Erfahrungen in mehreren Funktionen zu sammeln, ist oft eine ideale Voraussetzung für den weiteren Weg nach oben.

Größe allein genügt als Selektionskriterium nicht. Zur Größe sollte sich Internationalität gesellen. Aber zwischen Unternehmensgröße und Internationalität besteht in der Regel ein direkter Zusammenhang. Je kleiner ein Unternehmen ist, um so größer ist die Wahrscheinlichkeit, daß seine Welt an lokalen oder nationalen Grenzen endet. Firmen unterhalb einer bestimmten Größenordnung haben so gut wie nie Auslandsniederlassungen, so daß sich keinerlei Möglichkeiten, Auslandserfahrung zu sammeln, ergeben. Und zum dritten tun Großunternehmen im Schnitt mehr für die Ausbildung ihrer Mitarbeiter. Das beginnt bei formellen Trainee-Programmen und endet damit, daß in den Unternehmensgrundsätzen ein Bekenntnis zur Weiterbildung verankert ist. Internationale Großunternehmen verfügen in der Regel über eine ausgeprägtere Ausbildungskultur als nationale Klein- und Mittelunternehmen.

Gegen Großunternehmen wird eine Reihe von Einwänden ins Treffen geführt. Der gewichtigste ist der, daß große Unternehmen gute Brutstätten für Corporate Managers, aber nicht für Entrepreneure seien. Der Manager der Zukunft müsse jedoch vor allem Entrepreneur sein. An dem Vorwurf ist einiges dran. Nichts ist allerdings dran an der impliziten Behauptung, Kleinunternehmen seien ein idealer Tummelplatz für Entrepreneure. Es stimmt, daß es in großen Unternehmen eine Reihe von Regeln und Strukturen gibt, die einem unternehmerischen Typus das Leben nicht leicht machen, und es stimmt, das Großunternehmen sich wie Riesentanker auf dem Meer bewegen. Kommandos zur Richtungsänderung zeigen erst mit erheblicher Zeitverzögerung ihre Wirkung, und Richtungsänderungen gehen dann so langsam vor sich, daß die Mannschaft davon oft gar nichts bemerkt. Aber wer Kleinunternehmen mit wendigen Schnellbooten vergleicht, der irrt sich gewaltig. Sie haben zwar die Größe von Booten, aber nicht notwendigerweise deren Wendigkeit. Es gibt eine Reihe von Untersuchungen, die belegen, daß Kleinunternehmen keineswegs innovativer sind als Großunternehmen. Und weniger bürokratisch sind sie auch nicht. Der einzige Unterschied besteht darin, daß in

einem Großunternehmen die Bürokratie auf geschriebenem Gesetz beruht und im Kleinunternehmen auf ungeschriebenem.
Neben der Größe eines Unternehmens sollte man auch seinen Ruf ins Kalkül ziehen. In der Personalauswahl gibt es einen unaufhaltsamen Trend zum »Markenartikel«. Man sieht nicht nur darauf, welche Erfahrung jemand gemacht hat, sondern auch, wo er sie gemacht hat. Manche Firmennamen machen sich in einem Lebenslauf ausgesprochen gut, viele hinterlassen einen neutralen Eindruck, und manche machen sich ausgesprochen schlecht. Allerdings ist die Tendenz zur Polarisierung stark steigend, und die Zahl der Unternehmen, die ein neutrales Image haben, nimmt stetig ab.
34 Prozent der amerikanischen Topmanager glauben, daß man am ehesten eine Spitzenkarriere machen kann, wenn man aus den Bereichen Marketing und Verkauf kommt. 25 Prozent halten den Finanzbereich für das beste Karrieresprungbrett, und 24 Prozent setzen auf den Bereich der Technik. In den letzten zwanzig Jahren haben sicherlich Marketing-, Vertriebs- und Finanzleute den Ton in den Chefetagen angegeben. Je nach dem Lebenszyklus eines Unternehmens waren es manchmal eher die Verkäufer und manchmal eher die Finanzleute. Beide Funktionen werden auch in Zukunft exzellente Karrierechancen bieten. Techniker und Forschungs- und Entwicklungsleute sind in diesen vergangenen zwanzig Jahren etwas ins Hintertreffen geraten. Man kann getrost davon ausgehen, daß sich das in den nächsten zwanzig Jahren ändern wird. Auch wenn der Glaube an die Segnungen des technischen Fortschrittes nie mehr die Intensität erreichen wird, die er noch in den fünfziger Jahren gehabt hat, so beginnt sich doch die Einsicht durchzusetzen, daß nur die Technik unsere Erde lebenswert erhalten kann. Oder kritischer formuliert: Nur die Technik kann die Negativfolgen der Technik beseitigen. Damit wird einhergehen, daß Firmen ihre Siege auf dem Markt nicht mehr nur an der Marketingfront, sondern auch an der Forschungs- und Entwicklungsfront erringen müssen. Das wird wiederum dazu führen, daß Techniker im Vorstand ein gewichtiges Wort zu reden haben werden. Allerdings wird das ein anderer Typ von Techniker sein als der, der nur mit Leuten reden kann,

die seine Expertensprache sprechen, und auch das nur tut, wenn es sich absolut nicht vermeiden läßt.
Sehr viele fähige Leute limitieren ihre Karrieremöglichkeiten, indem sie zu lange in Funktionen tätig sind, die zwar für ihr Unternehmen von unzweifelhaftem Wert sind, für die es aber auf dem Markt keine Nachfrage gibt. Solche Positionen findet man vor allem in Riesenunternehmen, und die Inhaber dieser Positionen sind vor allem dazu da, die bürokratische Kultur des Unternehmens zu wahren. Damit sind durchaus nicht Abstellgeleise gemeint, auf die man Mitarbeiter schiebt, die ihre Zukunft schon hinter sich haben. Es sind Positionen, die für das Unternehmen von subjektiver Wichtigkeit sind. Sie sind aber nur für dieses Unternehmen wichtig, und die Positionsinhaber haben oft die größten Schwierigkeiten, einem Außenstehenden ihre Aufgabe begreiflich zu machen.
Wer von Karriereplanung spricht, denkt an Ausbildung und Sprachkenntnisse, an Job-Rotation und vielleicht daran, was man tun muß, um Entscheidungsträgern aufzufallen. An eine wichtige Karrierevoraussetzung wird weniger oft gedacht: an die Verfügbarkeit.
Unternehmen sind schon lange kein Platz mehr, wo der Unternehmer frei über seine Mitarbeiter verfügen kann. Heute sind weder inhaltliche Veränderungen der Arbeit noch räumliche Veränderungen des Arbeitsplatzes ausschließlich Sache des Arbeitgebers. Das ist auch richtig so. Nur kann man es einem Unternehmen nicht verdenken, wenn es diejenigen Mitarbeiter bevorzugt behandelt, die ihm signalisieren, daß sie in jeder Hinsicht verfügbar und mobil sind. Wer von Wien oder London aus nicht nach Djakarta übersiedeln kann oder von Nizza aus nicht nach Lille, weil er auf ein pflegebedürftiges Familienmitglied Rücksicht nehmen muß oder auf die Schulsituation seiner Kinder, der bekommt deswegen heutzutage kaum mehr viele Minuspunkte auf sein Karrierekonto gebucht. Aber auch keine Pluspunkte. Unternehmen mögen Leute, die dorthin gehen, wo man sie braucht. Wer hoch hinaus möchte, der sollte sich mit der liebenswerten Eigenschaft der Verfügbarkeit ausstatten. Der Chief Executive eines amerikanischen Unternehmens hat einmal einen besonders tüch-

tigen Vizepräsidenten aus der Zentrale dazu ausersehen, ein in eine Krise geschlittertes Tochterunternehmen zu übernehmen. Er rief den Mann zu sich und teilte ihm seine Absicht mit. Der so Auserkorene war ob dieser Aussichten alles andere als begeistert und sagte zu seinem Chef: »Frank, I don't like it.« Worauf der Chief Executive zur Antwort gab: »John, a Vice-President in our company does not have any ›likes‹ or ›dislikes‹.«
Die Bereitschaft zur Mobilität ist im übrigen auf der ganzen Welt im Steigen begriffen. Allerdings taucht ein großes Mobilitätshindernis auf, das von Jahr zu Jahr größer wird. Wenn Manager in früheren Jahren – da waren es durchwegs Männer – versetzt werden sollten, dann war die Mobilität der Ehefrau eine fixe Größe, mit der man rechnen konnte. Das ist heute schon anders. Viele Ehefrauen von Managern sind selbst berufstätig und nur ungern bereit, wegen der Karriere ihres Mannes eine Unterbrechung ihrer eigenen oder gar einen Verzicht darauf in Kauf zu nehmen. Das Problem wird in zwanzig Jahren noch viel brennender sein, wenn einerseits noch mehr Managerfrauen ihren eigenen Beruf haben und andererseits wesentlich mehr Frauen in Managementpositionen eingerückt sein werden. Dann werden deren Ehemänner keine Lust haben, wegen der Karriere ihrer Frau ihre eigene Karriere zu unterbrechen. Es gehört nicht viel Phantasie dazu vorherzusagen, daß die Unternehmen in Zukunft auch die Ehepartner ihrer Mitarbeiter in ihre Personalplanung einbeziehen müssen.
Wenn man sich das richtige Studium ausgesucht hat, die richtige Firma und die richtige Funktion und wenn man dazu noch bereit ist, überall hinzugehen, wo einen das Unternehmen haben möchte, und es klappt mit der Karriere trotzdem nicht, so kann es auch daran liegen, daß man sich den falschen Vorgesetzten ausgesucht hat. Sicher gibt es Chefs, die alle Vorzüge, die ein Chef haben kann, in sich vereinen. Aber das ist selten. Einer kann ein hervorragendes Betriebsklima schaffen, ist ehrlich interessiert an seinen Mitarbeitern und fair. Er hat bloß einen Fehler: Er tut nichts für ihr Weiterkommen. Ein anderer ist grob, aufbrausend und wenig rücksichtsvoll. Doch seine Leute kommen nach oben. Als Mitarbeiter muß man wissen, wo die ei-

genen Prioritäten liegen. Und sich seinen Manager demgemäß aussuchen.
Wenn aber auch der richtige Manager nichts hilft, dann liegt es höchstwahrscheinlich an einem selbst. Dann kann nur mehr Glück helfen.
Ein Bekannter, der als Einkaufschef in einem großen Unternehmen gearbeitet hat, erzählte mir einmal folgende Geschichte: Ein Kollege von ihm in dieser Firma hatte einen Mitarbeiter, mit dem er besonders unzufrieden war. Der junge Mann – wir wollen ihn Robert Max nennen – war unzuverlässig, aufmüpfig und faul. So beschloß der Abteilungsleiter, sich von ihm zu trennen. Da in dem Unternehmen besonders penible Verfahrensvorschriften herrschten, die bei der Kündigung eines Mitarbeiters zu beachten waren, bedeutete das jede Menge Dokumentation und Abstimmung mit dem Vorgesetzten und der Personalabteilung. Endlich war es soweit, und der Abteilungsleiter bekam für den Ausspruch der Kündigung grünes Licht. Zwei Tage später erhielt er einen dringenden Anruf seines Vorgesetzten, der ihn fragte, ob er die Kündigung schon ausgesprochen habe. Als der Manager mit leicht schlechtem Gewissen verneinte, hörte er statt eines Anpfiffs am anderen Ende der Leitung nur ein kurzes »Gott sei Dank« und die Aufforderung, gleich zum Vorgesetzten zu kommen.
Als der Manager ins Büro seines Chefs kam, fand er einen sichtlich erleichterten Vorgesetzten vor, der ihm wortlos die Kopie eines Briefes überreichte. Der Brief war an den Vorstandsvorsitzenden adressiert und lautete ungefähr so: »Lieber Freund! Meine Frau und ich hatten vorige Woche einen kleinen Autounfall. Dabei hat uns ein junger Mann auf wirklich phantastische Weise Erste Hilfe geleistet. Natürlich habe ich ihn nach seinem Namen gefragt und wo er denn arbeite. Er heißt Robert Max und arbeitet in Deinem Unternehmen. Meine Frau und ich wollen Dir zu diesem ganz famosen Mitarbeiter herzlich gratulieren. Es wäre uns ein großes Anliegen, wenn Du diese Gratulation auch an den Abteilungsleiter weitergeben könntest, der für den jungen Mann zuständig ist. Und ich bin sicher, daß Du mir zustimmen wirst, wenn ich sage, daß es jammerschade wäre, wenn sein Talent ungeför-

dert bliebe. Mit Handkuß an Deine liebe Frau und mit freundlichen Grüßen, Dein ...«
Es erübrigt sich zu sagen, daß die ganze Dokumentaticn über Robert Max umgehend im Reißwolf gelandet ist. Zur Ehrenrettung des Managements sei aber hinzugefügt, daß Robert Max im Unternehmen keine große Karriere gemacht hat. Aber sein Arbeitsplatz war ihm sicher.

Kundenorientiertheit ist der wichtigste Bestandteil jeder Unternehmenskultur

Vor fünfzehn Jahren sind im Bundesstaat Illinois in den Vereinigten Staaten ein junger Mann mit Namen Bill Hybels und seine Frau übers Land gezogen und haben an jede Haus- oder Wohnungstür geklopft. Wer ihnen geöffnet hat, den haben sie gefragt: »Gehen Sie in die Kirche?« War die Antwort »ja«, dann haben sie sich höflich für die Störung entschuldigt und sind zur nächsten Tür gegangen. War die Antwort »nein«, dann haben sie weitergefragt: »Warum gehen Sie nicht in die Kirche?«

So haben Bill Hybels und seine Frau eine Menge über die Bedürfnisse von Leuten erfahren, die nicht in die Kirche gehen. Anschließend haben sie versucht, eine Religionsgemeinschaft aufzubauen, die so weit wie möglich diesen Bedürfnissen gerecht wird. Heute ist diese Religionsgemeinschaft, die Willow Creek Community Church, eine der am schnellsten wachsenden Religionsgemeinschaften der Vereinigten Staaten.

Ich bin nicht sicher, ob ich einer Religionsgemeinschaft angehören möchte, deren wesentliche Botschaft darin besteht, die mannigfaltigsten Bedürfnisse ihrer Mitglieder befriedigen zu wollen. Dennoch spricht mich die Geschichte von Bill Hybels und seiner Frau, die ich im »Wall Street Journal« gefunden habe, ungemein an. Weil sie so gar nicht aus der Welt der Wirtschaft stammt und doch so prächtig in diese hineinpaßt. Sie ist ein besonders schönes Beispiel dafür, was Kundenorientiertheit vermag.

Wenn Begriffe Karriere machen könnten, so müßte der Begriff »Unternehmenskultur« ohne jeden Zweifel zum Aufsteiger dieses Jahrzehntes gewählt werden. Unternehmenskultur ist zu einem Kultwort geworden. Unzählige Bücher und Aufsätze sind darüber geschrieben worden und werden noch immer geschrieben. Kein Unternehmensfestredner kann darauf verzichten, zumindest eine Passage über die Bedeutung der Unternehmenskultur in seine Rede einzubauen, und Beratungsunternehmen, die Hilfe bei der Schaffung eben dieser anbieten, können mit einem großen Interesse seitens ihrer potentiellen Klienten rechnen. Da fällt es nicht so sehr ins Gewicht, daß sich bei vielen Unternehmen die Firmenkultur in einem farbenprächtigen Firmenkalender manifestiert und zugleich erschöpft und daß die Zahl der Manager noch immer groß ist, die Corporate Culture sagen und Corporate Design meinen.

In der Tat ist die Aufgabe eines Unternehmens, eine eigene Identität zu finden, besonders wichtig. Je komplexer und komplizierter sich die Außenwelt für ein Unternehmen darstellt, um so größer wird das Bedürfnis von Managern und Mitarbeitern nach Handlungssicherheit wenigstens in der Innenwelt. Und über den steigenden Wert der unmittelbaren Erkennbarkeit eines Unternehmens von außen braucht gar nicht erst diskutiert zu werden. Handlungssicherheit und Unverwechselbarkeit müssen zentrale Unternehmensanliegen sein. Aber an die Spitze aller unternehmenskulturellen Ziele würde ich die Aufgabe stellen, in alle Mitarbeiter den Geist von Mister und Mistress Hybels einzupflanzen. Das Ausmaß der Fähigkeit eines Unternehmens und seiner Mitarbeiter, die Kundenbedürfnisse zu befriedigen, entscheidet darüber, ob ein Unternehmen seine Zukunft noch vor sich oder schon hinter sich hat.

Vor Jahren habe ich mich mit zweien meiner Kinder auf den Weg gemacht, um für sie Fahrräder zu kaufen. Wir zogen dabei nicht aufs Geratewohl los, sondern hatten von Anfang an ein großes Geschäft mit einer sehr einladenden Auslage im Visier. Bei Betreten des Geschäftes wurden wir von einem sehr freundlichen Angestellten empfangen, der uns Räder in Hülle und Fülle zeigte. Eines war schöner als das andere, und meine Kinder hatten die Qual der Wahl. Schließlich fiel dann doch eine Entscheidung. Da kam Überraschung Nummer eins. Auf meine offensichtlich naive Frage, wann wir mit der Zustellung der Räder rechnen könnten, erhielt ich zur Antwort: »Bedaure, mein Herr, Hauszustellungen machen

wir nicht. Wir haben keine Lieferwagen.« Die bestellten Räder müßte ich in einem Auslieferungslager, zirka sechs Kilometer vom Stadtgeschäft entfernt, abholen.
Noch bevor ich mich von dem Schreck einigermaßen erholt hatte, kam Überraschung Nummer zwei. Der Verkäufer fragte mich nach der Type meines Autos. Ohne viel über den Grund seiner Neugierde nachzudenken, nannte ich ihm die Automarke, worauf er mit aller Freundlichkeit, zu der er fähig war, sagte: »Wenn Sie den Lenker ein bißchen verbiegen, dann kriegen Sie ein Rad sicher in den Kofferraum. Müssen Sie halt zweimal fahren.«
Ein paar Tage später fuhr ich ins Auslieferungslager, um die Räder abzuholen. Der Verkäufer im Stadtgeschäft hatte offensichtlich Erfahrung, denn zu meiner Erleichterung paßten die Räder wirklich in den Kofferraum. Zwar nicht nur mit einer gewollten Verbiegung des Lenkers, sondern auch mit einer ungewollten Verbiegung eines Kotflügels, aber immerhin. Und dann kam Überraschung Nummer drei. Nachdem ich das erste Rad glücklich zu Hause abgeliefert hatte, wieder ins Auslieferungslager gekommen war und mich daran machte, das zweite Rad im Kofferraum zu verstauen, da fragte mich der dort diensttuende Angestellte, der mir meinen Ärger ansah, in unverfälschtem Wienerisch: »Ham S' no a Kind? Weil dann tät' ich Ihnen empfehlen, daß ihm bei einer anderen Firma a Radl kaufen!« Die Räder meiner Kinder existieren noch. Die Firma nicht mehr.
In vielen Unternehmen herrscht die Meinung vor, Verkauf sei ausschließlich Angelegenheit der Verkaufsabteilung und der dort beschäftigten Verkäufer. Die Produktion, die Buchhaltung, die Rechtsabteilung und die Personalabteilung hätten andere Aufgaben. Natürlich haben diese Funktionen und Abteilungen nicht die Aufgabe, auf Akquisitionstour zu gehen oder Preisverhandlungen zu führen. Aber alle Mitarbeiter auch dieser Funktionen sollten die Verpflichtung in sich spüren, die Arbeit in einem Geist zu verrichten und ihre Ziele auf eine Weise zu verfolgen, daß das Kundeninteresse im Mittelpunkt steht. Die Auswirkung der Tätigkeit auf den Kunden soll stets bedacht werden. Die unsensible Handhabung einer Mahnbuchhaltungsrichtlinie in einem Unterneh-

men kann eine Kundenbeziehung genauso negativ beeinflussen wie ein Defekt an einem Produkt!
Oft ist für die fehlende Kundenorientiertheit ein Mangel an Phantasie verantwortlich. An Phantasie darüber, wieweit jemand, der einen Kunden nie zu Gesicht bekommt, durch seine Arbeit eine Kundenbeziehung stören oder fördern kann. »Was kann ich schon dazu tun, daß ein Kunde zufriedener wird?« Nicht eben beflügelt wird diese Phantasie durch die Trennung der Funktionen Linie und Stab, die ich für eine der unglücklichsten Erfindungen der gesamten Management- und Organisationslehre halte. Was soll es jemandem nützen, daß er weiß, ob er in einer Linienfunktion oder Stabsfunktion tätig ist? Dadurch wird nur ein Zweiklassensystem geschaffen, bei dem beide Klassen ein klassenspezifisches Selbstverständnis entwickeln. Die einen fühlen sich als Patrizier und die anderen als Plebejer. Und wer einmal glaubt, reduzierte Rechte zu haben, der ist auch schnell im Glauben, eine reduzierte Verantwortung zu haben.
Es sind vor allem die Verkäufer selbst oder die für den Verkauf verantwortlichen Manager, die die Werbetrommel für eine stärkere Kundenorientiertheit der Nichtverkaufsbereiche schlagen. Das ist verständlich, aber der Sache wenig dienlich. Die Verkäufer sind die ungeeignetsten Leute, um einen solchen Umdenkprozeß in die Wege zu leiten. Das hat mehrere Gründe. Zunächst einmal haben Verkäufer und ihr Management eine Glaubwürdigkeitslücke, weil sie Partei sind. Partei in dem Sinn, daß sie selbst am unmittelbarsten von einer solchen Kundenorientiertheit des gesamten Unternehmens profitieren. Ihr Einkommen hängt davon ab. Ein Appell, stärker das Kundeninteresse zu vertreten, wird dann leicht mißinterpretiert als Aufforderung, stärker das Verkäufereinkommen im Auge zu haben.
Die Art und Weise, wie manche Leute aus dem Verkauf ihr Anliegen nach einer stärkeren Kundenorientiertheit vorbringen, macht die Sache auch nicht gerade leichter. Statt den Kunden als König zu porträtieren, porträtieren sie sich selbst als Könige. Da kann man Aussagen hören wie: »Der Verkauf muß absoluten Vorrang haben«, oder noch schöner: »Wenn wir nicht wären, wären die Leute in der Zentrale alle arbeitslos.« Da machen dann post-

wendend in der Zentrale Aussagen die Runde wie: »Es ist auffallend, daß Verkäufer besonders gerne am Freitag nachmittag und bei Schönwetter ihre Kunden besuchen. Jedenfalls sind sie zu diesen Zeiten am schlechtesten zu erreichen.«
Und zum dritten lassen Verkäufer im Umgang mit den Zentralstellen vielfach ihre so vielgerühmte soziale Intelligenz vermissen. Auch Leute, die für ihre besonders hohe Sensibilität im Umgang mit Kunden bekannt sind, benehmen sich im Unternehmen selbst wie Elefanten im Porzellanladen. So als ob sie sich von einer lästigen Maske befreien würden, die sie nur an der Verkaufsfront zu tragen bereit sind, um im Umgang mit schwierigen Kunden bestehen zu können.
Der Verkauf hat sich in den letzten Jahren stark verändert. Er besteht längst nicht mehr darin, am Montag ein Vorführgerät oder eine Musterkollektion ins Auto zu packen und am Freitag einen möglichst wohlgefüllten Auftragsblock in der Zentrale abzuliefern. Erfolgreiches Verkaufen ist ein vernetzter Prozeß geworden, den der Verkäuer managt. Da müssen nicht nur der Kunde, sondern auch die hauseigenen Stäbe geführt werden. Der erfolgreiche Verkäufer bringt eine Fähigkeit mit, die der deutsche Marketingprofessor Hartwig Steffenhagen »Channel-Diplomatie« nennt: Der Verkäufer ist gleichermaßen geschickt im Umgang mit den Kunden wie mit den Leuten im eigenen Unternehmen.
Umgang mit den eigenen Leuten ist ein Thema, das bei Verkäuferschulungen entweder überhaupt keine Rolle spielt oder aber nur sehr stiefmütterlich behandelt wird. Das alles beherrschende Thema ist der Umgang mit dem Kunden. Man wird in den Schulungen in Zukunft berücksichtigen müssen, daß auch die Stabsbeziehungen gepflegt gehören. Manche Verkäufer sind darin schon jetzt wahre Genies.
Wenn Verkaufsleute dazu neigen, aus der Rolle des Fürsprechers des Kunden eine Rolle des Fürsprechers des Verkaufes zu machen, wer ist dann die Instanz, die sicherstellen kann, daß alle Mitarbeiter des Unternehmens im Kunden den eigentlichen Präsidenten des Unternehmens sehen, wie es der Nestlé-Chef Helmut Maucher formuliert hat? Diese Instanz kann nur die Unternehmensspitze sein. Von ihr muß der Ruck ausgehen, der alle Be-

reiche und Abteilungen eines Unternehmens erreichen soll und der jeden Mitarbeiter veranlaßt, darüber nachzudenken, wie er mit seiner Arbeit dazu beitragen kann, die Zufriedenheit der Kunden sicherzustellen.

Viele Unternehmen überspringen dabei schon die erste Hürde nicht – die der Information. Wo gibt es denn Firmen, bei denen die Mitarbeiter des Rechnungswesens die Verkaufsziele der Firma kennen? Bei denen alle wissen, welche Produkte aus welchen strategischen Gründen besonders forciert werden sollen? Jeder Abteilungsleiter in der Produktion wird genaue Zahlen über die Tageskapazität der Fabrik und über die Ausschußrate nennen können, aber über den aktuellen Stand der Ergebnisse, die seine Kollegen im Verkauf produziert haben, ist er oft nur mangelhaft informiert. Vom Wissen über Konkurrenzergebnisse ganz zu schweigen. Es ist so oft von der Notwendigkeit einer engeren Zusammenarbeit zwischen den Forschungs- und Entwicklungsabteilungen in Unternehmen und universitären Forschungseinrichtungen die Rede. Dabei haben viele Unternehmen noch nicht einmal eine funktionierende Kommunikation zwischen ihrem Forschungs- und Entwicklungsbereich und ihrem Vertrieb geschafft. Diese Hürde ist selten wegen fehlender technischer oder administrativer Einrichtungen so hoch. Fast alle Unternehmen verfügen heute über ein Management-Informationssystem, das solche Informationen auch über Abteilungsgrenzen hinaus verfügbar machen könnte. Wo diese Informationen Abteilungsbarrieren nicht durchdringen, liegt es nicht an der fehlenden Technik, sondern an der fehlenden Kultur!

In der Harvard Business Review ist unlängst der Geschäftsführer eines jener amerikanischen Ministahlwerke zu Wort gekommen, die auch zu der Zeit, als die gesamte Stahlindustrie über Auftragsflaute und kaputte Stahlpreise klagte, schöne Gewinne gemacht haben. Dieser Manager beschreibt in seinem Beitrag, wie er in seinem Stahlwerk versucht, den Vorsatz von der Kundenorientiertheit des Unternehmens in die Tat umzusetzen. Regelmäßige Information über Verkaufsziele und Verkaufsergebnisse ist ihm nicht genug. Er hat in seinem Unternehmen die Regel etabliert, daß auch Nichtvertriebsleute Gelegenheit haben sollen, gemeinsam mit den Vertriebsleuten Kundenbesuche zu machen. Im Fall einer Kundenbeschwerde wird aus dieser Soll-Bestimmung eine Muß-Bestimmung. Wenn ein Kunde an der Qualität des gelieferten Stahls etwas auszusetzen hat, dann sind es nicht der Verkäufer oder der Verkaufschef allein, die diese Beschwerde über sich ergehen lassen müssen. Sie müssen nicht allein im Büro des Kunden den schwierigen Balanceakt zwischen dem Versuch der Beruhigung und dem Versprechen, für Abhilfe zu sorgen, vornehmen. Da muß der für die Produktion des Stahls Verantwortliche mit heran. Und nicht nur, um Asche auf sein Haupt zu streuen, sondern um dabei die Bedürfnisse des Kunden aus erster Hand kennenzulernen. Und wenn ein Kunde Probleme mit einer Rechnung hat, dann muß ein Mitarbeiter der Buchhaltung an die Front, um das Problem mit dem Kunden zu diskutieren. Auf diese Weise würden diese Mitarbeiter Verständnis für die Kunden und ihre Probleme bekommen.

Apropos Beschwerden: Wie ein Unternehmen mit Beschwerden seitens der Kunden umgeht, sagt viel über seine Kundenorientiertheit aus. Aus Beschwerden Befriedigung und Genuß zu ziehen, kann zwar nicht Bestandteil einer Unternehmenskultur sein. Aber es muß Bestandteil einer Unternehmenskultur sein, Beschwerden nicht nur prompt und fair zu erledigen, sondern in ihnen eine Chance zu sehen, etwas zu lernen und zu verbessern. Der augenfälligste Nachweis für Unkultur ist die Nichtreaktion auf eine Beschwerde. Ein Unternehmen, das Beschwerden einfach ignoriert, verwirkt jeden Anspruch auf Unternehmenskultur. Wer Beschwerden grundsätzlich an seine Rechtsabteilung weiterleitet und sie von dort beantworten läßt, zeigt zwar, daß er ein Gefühl für das Mindestmaß an Anstand und Höflichkeit hat, ein Gefühl für den Kunden verrät eine solche Vorgangsweise allerdings nicht. Natürlich soll eine Rechtsabteilung jede Beschwerde zu Gesicht bekommen, weil auch eine rechtliche Beurteilung der Beschwerde nie schaden kann. Aber dem Beschwerdeführer mit einer Antwort zu kommen, die die rechtlichen Aspekte seines Anliegens in den Vordergrund stellt, vermag ihm kaum das Gefühl zu vermitteln, als König behandelt zu werden. Eine Atmosphäre des »High-Touch« entsteht so nicht.

Wer schon einmal eine Beschwerde telefonisch oder persönlich vorgebracht hat, dem wird aufgefallen sein, daß die bei weitem beliebteste Standardantwort von Beschwerdeempfängern ungefähr so lautet: »Von diesem Problem hören wir zum erstenmal. Und dabei haben wir dieses Gerät schon mindestens fünftausendmal verkauft.« Offensichtlich ist die Versuchung unwiderstehlich, den Beschwerdeführer zunächst einmal in eine Außenseiterrolle zu bugsieren, ihm ein schlechtes Gewissen einzureden und ihn damit kleinlaut zu machen. Kurzfristig mag das sogar eine erfolgreiche Taktik sein. Langfristig rächt sich aber eine solche Form des Abblockens, weil der Abgeblockte jede sich bietende Gelegenheit wahrnehmen wird, Negativwerbung für diese Firma und dieses Produkt zu betreiben.

Sachbearbeiter sind überfordert, wenn sie Beschwerden zu erledigen haben. Nicht fachlich und nicht intellektuell, sondern weil sie Angst haben, eine Verpflichtung einzugehen, die ihnen später unternehmensintern auf den Kopf fallen könnte. Mit Beschwerden muß sich daher das Management auseinandersetzen. Nicht nur im Interesse des Kunden, sondern auch im Interesse des Unternehmens. Beschwerden zeigen, wo den Kunden der Schuh drückt, und sie zeigen damit gleichzeitig, wo das Management der Schuh drücken sollte.

Der amerikanische Konsumforscher Claes Fornell fordert die Unternehmer sogar dazu auf, für eine »Beschwerdemaximierung« zu sorgen, weil Beschwerden einen besseren Einblick in die Verbraucherseele bieten würden als jede Marktforschung. Dem muß man nicht gleich zustimmen. Zustimmen muß man aber der Vorhersage, daß die Art und Weise, wie ein Unternehmen mit Beschwerden umgeht, von immer größerer Bedeutung für den Unternehmenserfolg sein wird. Der Manager der Zukunft wird auch ein Beschwerde-Manager sein.

Den steigenden gesellschaftlichen Stellenwert von Aufrichtigkeit wird der unaufrichtige Manager zu spüren bekommen

Wer schulpflichtige Kinder hat und es mit ihnen gut meint, der kommt nicht umhin, sich von Zeit zu Zeit bei Elternsprechtagen blicken zu lassen. Manche Eltern tun das gern, manche weniger. Ich selbst zähle zur zweiten Kategorie. Besonders ungern gehe ich zu den Lehrern, vor deren Sprechzimmern Mütter und Väter Schlange stehen. Erstens, weil mir das lange Warten auf die Nerven geht, und zweitens, weil ich, wenn ich endlich an der Reihe bin, immer daran denken muß, wie sehr den nach mir Kommenden das Warten auf die Nerven gehen muß. Daher laufen meine Gespräche mit diesen Lehrern im Ruck-Zuck-Verfahren ab. Zu einem wirklichen Gespräch komme ich so nicht. Lieber gehe ich zu den Lehrern, nach denen geringe Elternnachfrage besteht. Die haben Zeit, und manchmal habe ich sogar den Eindruck, daß sie sich freuen, wenn man zu ihnen kommt. In der Regel besteht die geringste Nachfrage nach Religions-, Musik- und Turnlehrern. Oft aber sind gerade diese Lehrer gute Beobachter, und man erfährt unter Umständen im Gespräch mit ihnen über seine Kinder etwas, was man beim Latein- oder Mathematiklehrer aus Gründen der Zeitökonomie nicht in Erfahrung bringen kann.

Einmal habe ich anläßlich eines Sprechtages den Turnlehrer aufgesucht. Nachdem ich mich vorgestellt und Platz genommen hatte, eröffnete er das Gespräch mit einer für mich verblüffenden Feststellung:

»Eines muß ich Ihnen sagen. Ihre Buben haben Charakter!« Ich kann nicht behaupten, daß mir diese Eröffnung unangenehm gewesen wäre. Gleichzeitig habe ich mich aber gefragt, wie ein Turnlehrer in der Lage sein sollte, den Charakter von Halbwüch-

sigen zu beurteilen, die er nur vom Weitspringen, Fußball und Seilklettern kennt. Sollte ich jemanden vor mir haben, der seine Profession so überschätzt, daß er Ballgefühl und Bewegungstalent mit Charakter gleichsetzt? Ich fragte ihn also, wie er zu dieser Einschätzung käme. Seine Antwort lautete ungefähr so: »Ich habe es mir zur Gewohnheit gemacht, meine Schüler beim Völkerballspiel zu beobachten, und dabei bin ich draufgekommen, daß es drei Typen von Kindern gibt. Da gibt es einmal die, die, ohne mit der Wimper zu zucken, auf einen vor ihnen gestürzten Kameraden schießen. Und dabei zielen sie mit Vergnügen aufs Gesicht. Das sind die Kinder, die man vom Charakter her vergessen kann. Dann gibt es eine zweite Gruppe. Die schießen zwar auf einen gestürzten Kameraden, zielen aber nicht aufs Gesicht. Die haben keinen schlechten Charakter, aber einen besonders tollen haben sie auch nicht. Und dann gibt es Kinder, die nie auf jemanden, der vor ihnen auf dem Boden liegt, schießen würden. Und zu dieser Gruppe gehören Ihre Buben. Im Leben werden sie es wahrscheinlich schwer haben, aber dafür haben sie Charakter!«
Gegen diese Methode zur Früherkennung von Charakteren läßt sich einiges einwenden. Aber ich habe sie interessant gefunden. Gestört hat mich nur die Schlußfolgerung. Da war sie wieder, die alte Klischeevorstellung vom Zusammenhang zwischen gutem Charakter und geringem Erfolg. Schießen erfolgreiche Menschen ihren Mitmenschen wirklich mit Vorliebe den Ball ins Gesicht? Sind es charakterlose Menschen, die den Erfolg in Erbpacht genommen haben, so daß für charaktervolle Menschen nur die Erfolglosigkeit übrigbleibt? Soweit diese Fragen den Managererfolg betreffen, möchte ich ihnen an dieser Stelle nachgehen. Welchen Einfluß hat der Charakter tatsächlich auf die Karriere, und brauchen die Manager von morgen andere Charaktereigenschaften als die Manager von gestern und heute?
Wirtschaftsmagazine porträtieren immer wieder besonders erfolgreiche Manager und Unternehmer. Oft gehört zu einem solchen Porträt auch ein kurzes Selbstporträt, meist in der Form, daß die ausgewählten Manager und Unternehmer gebeten werden, die Fähigkeiten und Eigenschaften aufzulisten, von denen sie glauben, daß sie ihnen bei ihrer Karriere besonders hilfreich wa-

ren. Die Eigenschaft »Charakter« kommt dabei ziemlich häufig vor, und zwar an sehr prominenter Stelle der Liste. Offensichtlich sind die Porträtierten überzeugt, ihren Erfolg auch ihrem Charakter zu verdanken. Dabei ist die Vermutung zulässig, daß mit dem an sich wertneutralen Begriff »Charakter« positive Charaktereigenschaften gemeint sind.

Vor Jahren habe ich einmal einen Mann interviewt, der in seiner Karriere weniger weit gekommen ist, als es von seiner Ausbildung und seiner Erfahrung her zu erwarten gewesen wäre. Im Laufe des Interviews kamen wir auf einen seiner ehemaligen Studienkollegen zu sprechen, der es schon viel weiter gebracht hatte, was ihn sichtbar beschäftigte. Das brachte mich auf die Idee, ihn so taktvoll wie möglich zu fragen, wo er den Unterschied zwischen seinem Studienkollegen und sich selbst sehe. »Im Charakter«, war seine knappe Antwort. Wiederum der wertneutrale Begriff. Aber Tonfall und Mimik ließen keinen Zweifel daran, daß damit eine Wertung verbunden war. Und zwar eine negative. Sich selbst sah er offenbar in der Rolle des Völkerballspielers, der nicht imstande ist, auf einen auf dem Boden liegenden Kameraden zu schießen, während er seinem Studienkollegen die Rolle dessen zuordnete, der seinen Kameraden, ohne mit der Wimper zu zucken, den Ball ins Gesicht schießt.

Wie ist es möglich, daß erfolgreiche Leute ihren Erfolg zum Teil ihrem guten Charakter zu verdanken glauben und erfolglose Menschen in eben diesem guten Charakter die Hauptursache für ihre Erfolglosigkeit sehen? Hohe Intelligenz kann ja auch nicht gleichzeitig Grund für Erfolg und Grund für Mißerfolg sein. Eine der Ursachen für diesen Widerspruch liegt sicherlich in der Definition des Begriffes »Charakter«. Charakter ist ein ausgesprochen multidimensionaler Begriff, der sich nicht präzise definieren läßt. Und an eine Messung in Gestalt eines ChQ (Charakterquotient) ist schon gar nicht zu denken. Der Charakter eines Menschen setzt sich aus vielen Eigenschaften zusammen. Auf der Positivseite stehen Eigenschaften wie Fleiß, Konsequenz, die Fähigkeit zur Selbstüberwindung, Loyalität, Aufrichtigkeit, Altruismus und Verantwortungsgefühl. Die Pendants auf der Negativseite sind da Faulheit, Inkonsequenz, Bequemlichkeit, Illoyalität, Unaufrichtig-

keit, Egoismus und Verantwortungslosigkeit. Und das ist auf beiden Seiten beileibe keine auch nur einigermaßen erschöpfende Aufzählung.
Selbst die vielen Anhänger der Auffassung, daß sich Erfolg und guter Charakter nicht vertragen, werden nicht bestreiten können, daß Fleiß, Konsequenz und die Fähigkeit, sich selbst zu überwinden, Eigenschaften sind, die für den Erfolg im Beruf mitbestimmend sind. Manche von ihnen werden diese Eigenschaften zwar als Sekundärtugenden abqualifizieren, aber immerhin als Tugenden. Charakter in diesem Sinn ist also durchaus eine unverzichtbare Voraussetzung für Managementerfolg.
Das ist aber keine wirklich befriedigende Feststellung. Wenn wir uns über den Charakter eines Managers Gedanken machen, dann wollen wir nicht nur wissen, ob er fleißig ist und ob er sich selbst quälen kann.
Ich habe einmal bei einer Diskussion zum Thema »Leistung und Moral« zugehört. Dabei hat einer der Podiumsdiskutanten gemeint, daß dieses Thema eigentlich ein Nichtthema wäre. Würden die Königsdramen ihren Platz in der Weltliteratur verlieren, wenn die Literaturforschung zu der Erkenntnis käme, daß William Shakespeare selbst ein hinterhältiger Miesling war? Und würde der Tag der ersten Herztransplantation ein weniger bedeutendes Datum in der Geschichte der Medizin sein, wenn sich herausstellte, daß Christiaan Barnard seinen Vorgänger als Chef der chirurgischen Abteilung des Groote-Schur-Hospitals in Kapstadt durch eine Intrige aus dem Amt bugsiert hat? Diese Fragestellung hat nur auf den ersten Blick etwas für sich. Tatsächlich gibt es Leistungen, bei denen die Moral kein relevanter Faktor ist. Fairneß und Unfairneß sind keine Kategorien, wenn es darum geht, einen Platz in der Weltliteratur zu erringen oder eine erfolgreiche Herztransplantation durchzuführen. Aber es gibt durchaus Leistungen und Berufsbilder, bei denen Fairneß oder Unfairneß sehr wohl Kategorien sind. Dazu gehören die Leistungen des Politikers und des Managers.
Charles de Gaulle hat einmal gemeint, daß politische Größe ohne ein bestimmtes Maß an Rücksichtslosigkeit undenkbar wäre. Daß Margaret Thatcher auch mit Parteifreunden nicht zimperlich um-

geht und sie ohne viel Federlesens abserviert, wenn sie sich ihren Zielen entgegenstellen, ist allgemein bekannt. Und auch Michail Gorbatschow hat ohne große Sentimentalität seinen glühendsten Fan im Politbüro, den Moskauer Parteichef Boris Jelzin, seinen Gegnern zum Opfer gebracht, als Jelzin durch überzogene Forderungen das ganze Reformgebäude Gorbatschows zum Einsturz zu bringen drohte. Nur Gerald Ford brachte es nicht über sich, sich von seinem Vorgänger Richard Nixon zu distanzieren. Mit seinem Entschluß, eine strafrechtliche Verfolgung Nixons wegen Watergate zu verhindern, »weil der frühere Präsident schon genug gelitten hat«, stand er in der Öffentlichkeit nicht als warmherziger und dankbarer Mensch da, sondern als jemand, der sich von alten Abhängigkeiten nicht lösen kann. In den Verdacht politischer Größe ist er dann auch nie mehr gekommen.

Müssen Manager ähnliche Eigenschaften haben? Und ist die Fähigkeit zur Distanz charakterlich bedenklich? Ich selbst hatte nie Probleme mit Vorgesetzten, die mich im Fall einer Fehlleistung auch heftig kritisierten. Und ich glaube, daß ich auch Verständnis dafür aufgebracht hätte, wenn mich ein Chef wegen eines wirklich groben Schnitzers nicht hätte halten können. Oder nicht hätte wollen, weil meine Zielvorstellungen den seinen diametral entgegengesetzt gewesen wären. Charakterlich ist da gar nichts bedenklich. Allerdings hatte ich mitunter Probleme mit solchen Vorgesetzten, die bei einem Fehler von mir gleichsam prophylaktisch auf innere und äußere Distanz gingen, so als ob sie erst ausloten müßten, ob ich überhaupt noch »gesellschaftsfähig« war; und die erst, wenn das Ergebnis positiv war, wieder näher an mich herangerückt sind. Fairerweise muß ich sagen, daß diese Vorgesetzten in der Minderzahl waren.

Aus meiner Erfahrung heraus wage ich auch die Behauptung, daß es mehr Mitarbeiter gibt, die unter der Feigheit ihres Vorgesetzten leiden, als Mitarbeiter, die sich über die Entschiedenheit beklagen, mit der ihre Chefs Ziele verfolgen. Einmal habe ich einen Manager erlebt, der mit der Leistung eines seiner Mitarbeiter unzufrieden war. Er hatte aber nicht die Courage, ihm das zu sagen. So verfiel er auf einen originellen Ausweg. Er studierte jedes Wochenende in den Zeitungen die Stellenanzeigen und schnitt diejenigen Anzeigen aus, von denen er annehmen konnte, daß sie seinen Mitarbeiter interessierten. Der Mitarbeiter war jedenfalls sehr überrascht, plötzlich jeden Montag auf seinem Schreibtisch eine Sammlung fein säuberlich ausgeschnittener Inserate zu finden, dort hingelegt von einem unbekannten Wohltäter. Daß dieser Wohltäter sein eigener Chef sein könnte, darauf ist er lange Zeit nicht gekommen.

Aber wenn davon die Rede ist, daß Charakterlosigkeit eine Eigenschaft sein soll, die sich besonders gut als Karrieresprungbrett eignet, dann ist sicher nicht Härte gemeint. De Gaulle hat sein ganzes Leben lang sich selbst und anderen gegenüber Härte bewiesen, Michail Gorbatschow wird wegen Boris Jelzin sicher nicht als charakterloser Politiker in die Geschichte eingehen, und von Margaret Thatcher läßt sich das auch nicht sagen. Die Ingredienzien der Charakterlosigkeit, die so oft als Begründung für Erfolg und als Rechtfertigung für Mißerfolg herhalten müssen, heißen Unaufrichtigkeit, Illoyalität und die Neigung, Erfolg für sich zu reklamieren und für Versagen andere verantwortlich zu machen. Ich habe schon mehrfach betont, daß ich von einer Idealisierung der Managerrolle sehr wenig halte. Die Managementaufgabe ist spannend und großartig, aber für eine idealisierte Überhöhung eignet sie sich nicht. Mutter Teresa von Kalkutta würde sich als Manager schwertun, und auch Thomas Morus, eine meiner Lieblingsgestalten der europäischen Geschichte, könnte ich kaum als Chef eines Unternehmens empfehlen. Es schiene mir lächerlich, bestreiten zu wollen, daß es unaufrichtige, illoyale und im höchsten Maße egozentrische Manager gibt. Auch ganz oben an der Spitze. Und einige von ihnen verdanken vor allem diesen Eigenschaften ihre Position. Aber es erfüllt dennoch den Tatbestand der Lüge, wenn jemand behauptet, daß die Dichte, in der diese Eigenschaften anzutreffen sind, mit steigendem Hierarchiegrad zunimmt. Sie sind nicht karrierefördernd. Und sie werden es in Zukunft weniger denn je sein. Das läßt sich plausibel machen.

Zunächst ist nicht zu übersehen, daß der gesellschaftliche Stellenwert von Aufrichtigkeit steigt. Politiker stürzen heute über Summen nichtversteuerten Geldes, die vor zwanzig Jahren nicht einmal einen Einspalter in einer Provinzzeitung wert gewesen wären. Und das heutige Ausmaß von öffentlicher Ächtung von »Weinpantschern« und hormonspritzenden Tierzüchtern wäre ebenfalls vor zwanzig Jahren unvorstellbar gewesen. Das gleiche gilt für Dopingsünder im Sport. Unaufrichtigkeit ist auf dem besten Weg, in unserer Werteskala den Status eines Kavaliersdeliktes einzubüßen und den Status des Betruges zu erreichen.

Auch in den Unternehmen findet diese Trendwende ihren Niederschlag. Wenn eine deutsche Versicherungsgruppe in ihren Unternehmensgrundsätzen festgelegt hat, »daß Kundeninteresse Vorrang haben soll vor Umsatzinteressen des Unternehmens oder Provisionsinteressen der Verkäufer«, so können nur sehr naive Gemüter erwarten, daß vom Tage der Veröffentlichung an diese Grundsätze für die handelnden Personen Befehl sind. Aber nur sehr zynische Menschen können behaupten, daß dieser Satz das Papier nicht wert ist, auf dem er geschrieben wurde. Und wenn in Unternehmensgrundsätzen Fair play zur Unternehmensmaxime erkoren wird, so bedeutet das nicht, daß von einem gewissen Stichtag an Foulspiel keine Chance mehr hat. Das Versprechen bedeutet noch nicht die Tat. Es bedeutet aber eine mit der Zeit wachsende Aufmerksamkeit gegenüber Foulspielern und eine Ermutigung, sich ihnen gegenüber zur Wehr zu setzen. Unternehmen reagieren zunehmend sensibel gegenüber denen, die gegen die etablierten Spielregeln verstoßen. Notorisch unaufrichtige und illoyale Leute werden zu Außenseitern gestempelt und bekommen keine Chance mehr.

Schließlich werden die Mitarbeiter dafür Sorge tragen, daß sich habituell unehrliche und illoyale Manager in Zukunft noch schwerer tun. Der Manager der Zukunft unterscheidet sich vom Manager der Vergangenheit unter anderem dadurch, daß er viel mehr von seinen Mitarbeitern abhängig ist, als es seine Managerkollegen aus früheren Generationen waren. Der Abteilungsleiter von früher war in der Regel auch der Mann mit dem umfassendsten professionellen Wissen in der Abteilung. Er wußte auf die meisten Fragen die richtige Antwort. Der Manager von morgen kann sich schon glücklich preisen, wenn er die richtigen Fragen stellen kann. Die Managementaufgabe wird immer vielfältiger, vernetzter und komplexer. Damit steigt das Fehlerrisiko. Und damit steigen auch die Chancen der Mitarbeiter, ihre Vorgesetzten Fehler begehen zu lassen. Mitarbeiter, die in ihrem Vorgesetzten einen ehrlichen Menschen sehen, der sie nicht bei jedem Fehler im Regen stehen läßt, werden diese Chancen nicht nur ungenützt verstreichen lassen, sondern im Gegenteil alles tun, um ihn vor einem Fehler zu bewahren. Wer aber als Manager im Ruf steht, sich für seine Karriere auch unfairer Mittel zu bedienen, dessen Mitarbeiter werden ihn mehr Fehler begehen lassen, als seiner Karriere guttun.

Das gesellschaftspolitische Engagement der Manager wird zunehmen, die Politik wird aber nicht das primäre Ziel dieses Engagements sein

Es ist noch nicht lange her, da ist der gesellschaftliche Stellenwert der Wirtschaft und das Ansehen ihrer Repräsentanten, der Unternehmer und Manager, auf einem Tiefpunkt gestanden. Die Einkommen der Manager und ihre sogenannten Privilegien waren bevorzugtes Ziel von Neidgefühlen, die ziemlich ungeniert ausgelebt wurden. Von der Höhe der Unternehmergewinne wurde auf die Ausgeprägtheit ihrer Ausbeutermentalität geschlossen, und betriebswirtschaftlich vernünftiges Handeln wurde nicht selten mit dem Bannfluch volkswirtschaftlicher Schädlichkeit belegt. Mit Ausnahme der Vereinigten Staaten hat fast jede westliche Industrienation in den letzten zwanzig Jahren eine solche Phase durchgemacht. Ob in Schweden, in der Bundesrepublik Deutschland, in Frankreich oder in Österreich: Überall haben diejenigen, denen dieses niedrige Ansehen der Wirtschaft Anlaß zur Sorge war, vor allem ein Rezept propagiert, um diesem unerfreulichen und beklagenswerten Trend gegenzusteuern: das verstärkte politische Engagement der Manager. Mehr Manager in die Gemeindestuben, in die Landtage und die Bundesparlamente! Das sollte das Mittel sein, um die Talfahrt des Stellenwertes der Industrie und ihrer Repräsentanten zu stoppen und eine Trendwende herbeizuführen.

Die Trendwende ist längst da, und die Talfahrt ist seit langem gestoppt. Hat das verordnete Rezept also seine Wirkung getan? Haben sich die Manager in den letzten Jahren verstärkt politisch engagiert, und was werden sie in Zukunft tun?

Soweit es die Vergangenheit betrifft, ist die Antwort ziemlich eindeutig. Das Echo auf den Aufruf zu einem stärkeren politischen

Engagement der Manager ist vergleichsweise bescheiden geblieben. Das hat mehrere Gründe.
An erster Stelle ist sicher der Zeitmangel zu nennen. Politisches Engagement mag auf den verschiedenen Ebenen der Politik verschiedene Aufgaben und Inhalte bedeuten, eines bedeutet es aber auf allen Ebenen gleichermaßen: sehr viel Zeit. Und gerade Zeit ist die Ressource, mit der Manager am knausrigsten umgehen müssen. Zeitaufwendiges Engagement über den Beruf hinaus ist da oft beim besten Willen nicht möglich.
Aber am Zeitproblem allein, wie gravierend es auch sein mag, ist es nicht gelegen. Viele Unternehmen sehen ein politisches Engagement ihrer Führungskräfte, das ja letztlich immer ein parteipolitisches sein muß, nicht allzu gern. Und zwar nicht nur wegen des damit verbundenen zeitlichen Aufwandes. Sie scheuen die politische Etikettierung und Punzierung ihrer Manager, deren geschäftliche Vorteile in der Regel überschaubar, deren Nachteile aber unüberschaubar sind. Es gibt zwar immer wieder Unternehmen, die ihre Führungskräfte zu politischem Engagement ermutigen und es zum Beispiel durch bezahlte Dienstfreistellungen fördern. Aber ein solches Konzept der Förderung politischen Engagements hat auch unter Großunternehmen, die es sich von ihren Möglichkeiten her am ehesten leisten können, keine weite Verbreitung gefunden. Es ist auch in Industriekreisen selbst vom Prinzip her umstritten geblieben.
Und schließlich sind es ganz einfach Berührungsängste gewesen, die die Manager abhielten, sich verstärkt der Politik zu widmen. Da spielte das Image der Politik eine Rolle, und man stand den dort herrschenden Selektionsmechanismen mißtrauisch bis ablehnend gegenüber. Der Gedanke, für seine Anliegen permanent um Zustimmung auch bei Leuten werben zu müssen, die von der Materie gar nichts verstehen, wirkte auch nicht gerade stimulierend. Dazu kam noch die Sorge, einen Gutteil seiner kostbaren Zeit für höchst triviale bis lästige Dinge verwenden und dabei noch eine Miene zur Schau stellen zu müssen, als würde man nichts im Leben lieber tun. Das alles ergab kein Klima, das für ein politisches Engagement der Manager gesprochen hätte. Die mit viel Kopfschütteln gemachte Beobachtung vieler Manager, daß

politische Führungsfähigkeit vor allem darin zu bestehen schien, bei unterschiedlichen Gelegenheiten unterschiedliche Meinungen von sich zu geben, war auch nicht dazu angetan, die Neigung zum persönlichen politischen Engagement zu aktivieren.

Interessanterweise ist der gesellschaftliche Stellenwert der Industrie und ihrer Manager in den letzten Jahren gestiegen, ohne daß es der Therapie des verstärkten politischen Engagements der Manager bedurft hätte. Dennoch lohnt es sich, der Frage nachzugehen, ob die Vorzeichen für ein stärkeres politisches Engagement der Führungskräfte heute günstiger sind als vor zehn oder zwanzig Jahren.

Zunächst einmal zum Zeitproblem: Zeit ist auch heute kein Gut, das Managern in einem größeren Ausmaß zur Verfügung steht. Und nach wie vor sehen es viele Unternehmen nicht gerne, wenn sich ihre Führungskräfte allzu offen zu einer politischen Partei bekennen. In diesen beiden Punkten haben sich also keine Veränderungen gegenüber früher ergeben.

Eine Veränderung gibt es allerdings in puncto Berührungsangt. Sie ist mit Sicherheit geringer geworden. Wir haben schon Gelegenheit gehabt, uns mit der Tatsache auseinanderzusetzen, daß die Managementaufgabe immer mehr zu einer politischen Aufgabe wird. Die Manager sind dabei, die Spielregeln des Umgangs mit der Öffentlichkeit zu erlernen und sowohl die Chancen als auch die Risken, die damit verbunden sind, zu erkennen. Topmanager sind auf dem besten Weg, »public figures« zu werden, die vom Leser, Zuhörer oder Zuschauer danach eingeschätzt werden, ob man von ihnen einen Gebrauchtwagen kaufen würde oder nicht. Und auch wenn es sich in Zukunft nicht um einen demokratischen Entscheidungsprozeß handeln wird, so muß doch mehr denn je bei großen unternehmerischen Vorhaben innerhalb und außerhalb des Unternehmens um Zustimmung geworben werden. Die Notwendigkeit soziopolitischer Planung verlangt von den Unternehmern und Führungskräften zunehmendes Verständnis für den politischen Meinungsbildungsprozeß. Aus diesem größer werdenden Sensorium der Manager für die Politik und ihre Erfordernisse erwächst ein zunehmendes Verständnis für die Nöte und Zwänge der Politiker. Nach wie vor stehen Manager in ihrer überwiegenden Mehrzahl der Art und Weise, wie politische Entscheidungen zustande kommen, kritisch gegenüber. Aber diese Kritik ist heute nicht mehr so hart und teilweise auch undifferenziert, wie sie es vor zehn oder fünfzehn Jahren gewesen ist.

Das würde durchaus für eine stärkere Hinwendung der Manager zur Politik sprechen. Und noch etwas spräche dafür: Die Selektionsmechanismen in den politischen Parteien beginnen einen Veränderungsprozeß zu durchlaufen, der durchaus nach dem Geschmack der Manager ist. Die Bereitschaft, ganz unten anzufangen und dort auch lange zu bleiben, ist keine conditio sine qua non mehr für die politische Laufbahn. Die berüchtigte »Ochsentour« mit all ihren Eigentümlichkeiten, Unberechenbarkeiten und auch Demütigungen hört auf, der Karriereweg zu sein, der am sichersten zum Ziel führt. Noch etwas blaß in den Konturen, aber bereits klar erkennbar, zeichnet sich ein anderes Auswahlverfahren ab. Nicht mehr der Geschmack der Funktionäre und Parteimitarbeiter ist der ausschließliche Gradmesser für die Kandidatenauswahl, sondern der vermutete Geschmack des Wählers. Das Gewicht der inneren Stimmigkeit einer Personalentscheidung verliert an Bedeutung, das Gewicht der äußeren Stimmigkeit nimmt zu. Die Quer- und Seiteneinsteiger sind im Kommen. Sie sind die Darlings der Medien und der Öffentlichkeit! Sie bekommen Vorschußlorbeeren mit auf den Weg, von denen die cleversten unter ihnen oft lange zu zehren vermögen. Und neben dem Bereich der Wissenschaften ist es vor allem der Führungskräftebereich, aus dem diese Seiteneinsteiger kommen werden. Auch zu der Zeit, als es ausschließlich die Ochsentour als politischen Karriereweg gab, war ihr Image in der Öffentlichkeit denkbar schlecht. Angesichts des neuen Karrierewegs des Seiteneinstieges wird die Ochsentour derart in Verruf kommen, daß Politiker, die in Zukunft auf diesem traditionellen Weg die Karriereleiter nach oben klettern, damit eine Hypothek auf sich nehmen, an der sie schwer zu tragen haben werden.

Ist dieser Trend geeignet, das Interesse der Manager an einer politischen Karriere ansteigen zu lassen? Immer wieder kann man hören, daß es vor allem das im Vergleich zum Managereinkommen deutlich niedrigere Politikereinkommen sein soll, das Manager daran hindert, eine Laufbahn in der Politik in Erwägung zu ziehen. Ich halte dieses Argument für reichlich überstrapaziert. Es stimmt, daß das Einkommensgefälle zwischen Spitzenmanagern und Spitzenpolitikern beträchtlich bis gigantisch ist. Daß der Generaldirektor eines Großunternehmens das Drei- bis Fünffache dessen verdient, was der Regierungschef verdient, ist keine Seltenheit. Interessanterweise ändert sich in den zweiten und dritten Ebenen das Bild. Da können Politikereinkommen mit Managereinkommen durchaus mithalten.

Trotz des eklatanten Einkommensunterschiedes im Topbereich gibt es keine politische Topfunktion, für die sich nicht eine Reihe von Spitzenmanagern finden würde, die bereit wären, eine solche Funktion zu übernehmen. Neben dem Einkommen ist es vor allem die Möglichkeit, gestalten zu können, Macht auszuüben und Verantwortung zu übernehmen, und eine hohe Visibilität, die den Reiz einer Executive-Position ausmacht. Die Politik kann diese Motive noch immer in einem hohen Ausmaß befriedigen. Aber es muß eine Spitzenposition sein, für die Manager bereit sind, in die Politik zu wechseln. Von Hermann Josef Abs, dem früheren legendären Vorstandssprecher der Deutschen Bank, wird berichtet, daß er für sein Leben gerne deutscher Außenminister geworden wäre. Wenn ihm Konrad Adenauer dieses Amt angeboten hätte, hätte er, sicher ohne mit der Wimper zu zucken, auf 80 Prozent seines Einkommens verzichtet. Und nach seiner Wahl zum US-Präsidenten hatte George Bush versucht, den Chief Executive der Martin Marietta Corporation, eines großen Rüstungskonzerns, zum Übertritt in die Politik zu bewegen. Als Verteidigungsminister wäre der auch zur Verfügung gestanden, aber den ihm angebotenen Posten eines Unterstaatssekretärs in diesem Ministerium hat er dankend abgelehnt.

Das alles bedeutet jedoch nicht, daß Manager auf breiter Ebene bereit sein werden, sich neben ihrem Beruf politisch zu engagieren. Zumindest nicht im traditionellen Sinn im Rahmen einer politischen Partei oder einer Standes- und Interessenvertretung. Viele Anzeichen sprechen dafür, daß die Zukunft ein verstärktes gesellschaftspolitisches Engagement der Manager bringen wird, aber außerhalb der Parteien- und Interessenvertretungen. Ziel dieses Engagements werden soziale, karitative und kulturelle Organisationen und Institutionen sein. Neben dem Beruf eine Funktion bei Amnesty International, bei der Caritas oder in einem Museums- oder Orchesterkuratorium – das werden die Tätigkeiten sein, mit denen viele Manager in Zukunft einen Teil ihrer knappen Freizeit verbringen werden.

Es wäre ungerecht zu behaupten, daß die Manager der Vergangenheit sozial unempfindlich und kulturell desinteressiert gewesen seien. Manche von ihnen haben schon früher auf diesen Gebieten Großartiges geleistet. Es ist aber auch nicht zu übersehen, daß die Management-Sensibilität für diese Belange in den letzten Jahren stark zugenommen hat. Das Gefühl, einen Beitrag dazu leisten zu sollen, daß diese Welt auch für die »Mühseligen und Beladenen« humaner und lebenswerter wird, daß Kunst und Kultur den ihnen gebührenden Platz bekommen, wird immer stärker. Mit dem Gefühl wächst die Bereitschaft, sich tatsächlich zu engagieren.

Zu Beginn dieses Buches haben wir über Kultur- und Sozialsponsoring als den neuen Möglichkeiten zur Selbstdarstellung von Unternehmen gesprochen. Und daß dabei eine beträchtliche Portion an Marketingkalkül dahintersteckt. Dennoch: Daß kulturelle und soziale Projekte als förderungswürdig angesehen werden, hat auch mit individuellem Engagement von Führungskräften zu tun, die sich für solche Projekte innerhalb ihres Unternehmens aus persönlicher Überzeugung stark machen. Und es gibt Unternehmen, wie zum Beispiel die IBM, die ihre Sponsorgelder besonders gerne jenen Projekten zukommen lassen, für die ihre Mitarbeiter auch privat engagiert sind.

Auch politische Parteien haben es sich zum Ziel gesetzt, die Welt humaner und lebenswerter zu machen. Warum werden dann karitative Vereinigungen den Parteien den Rang ablaufen, wenn es darum geht, Führungskräfte zur Mitarbeit zu bewegen? Erstens, weil die Chance des Erfolges größer ist. Ob man sein Managementtalent fürs Auftreiben von Spendengeldern einsetzt oder für eine bessere Organisation des Verwaltungsapparates des Vereins, überall kann man recht bald die Früchte der eigenen Arbeit spü-

ren. Natürlich bleiben Rückschläge, Frustrationen und manchmal das Gefühl der Ohnmacht auch bei einem solchen Engagement nicht aus. Aber es stellen sich eben auch Erfolge ein, die man direkt und unmittelbar erleben kann.
Die größere Chance des Erfolges hat auch damit zu tun, daß bei einem solchen Engagement in der Regel alle Engagierten ein und dasselbe Ziel verfolgen. Interessenkonflikte sind die Ausnahme und nicht die Regel. Persönliche Rivalitäten und Eifersüchteleien werden zwar auch vor den Türen von solchen Vereinen, die sich der Nächstenliebe oder der Kultur verschrieben haben, nicht haltmachen. Aber sie sind kein idealer Nistplatz für Profilneurotiker, und als Orte, um ideologische Konflikte auszutragen, sind sie auch nicht gerade geeignet.
Und schließlich spricht auch die Reputation gegen ein parteipolitisches Engagement. Wer heute Bildungs- oder Organisationsreferent in der lokalen Organisation einer politischen Partei ist, der kann damit kaum Ehre einlegen. Ich selbst bin nicht nur politisch interessiert, sondern auch mit wechselnder Intensität engagiert. Die weniger wohlmeinenden unter meinen Bekannten haben mich deshalb lange verdächtigt, mir damit einen lukrativen Posten verschaffen zu wollen, und die wohlmeinenden unter ihnen fragen mich pausenlos, ob ich mir nichts Besseres zu tun wüßte. Es würde mich wundern, wenn es anderen politisch engagierten Managern anders erginge.
Wer sich dagegen sozial oder kulturell engagiert, der kann des Respekts seiner Umwelt gewiß sein.

Im Management gehört die Zukunft dem Profi, in der Politik dem Amateur

Politiker bekommen im Laufe ihres politischen Lebens jede Menge Ratschläge. Viele davon sind völlig widersprüchlich. Da sehen die einen die Chance zum Erfolg in einer Besinnung auf die Grundwerte der Partei und auf die Anliegen der Kernwähler, während die anderen gerade darin das Krebsübel und die Öffnung der Partei als Allheilmittel sehen. Politische Monatszeitschriften leben von solchen Ratschlägen, und Diskussionen pro und contra füllen die Leserbriefseiten nicht nur von Parteizeitungen. Aus diesem Durcheinander von Ratschlägen ragt ein Vorschlag heraus, der sich von allen anderen durch sein hohes Maß an allgemeiner Zustimmung unterscheidet: Es ist der Rat, in die Politik moderne Managementmethoden einzubringen. Wo immer dieser Vorschlag gemacht wird, wird er mit beifälligem Kopfnicken quittiert. Auffallenderweise ist selten nur von »Managementmethoden«, sondern fast immer von »modernen Managementmethoden« die Rede, um damit implizit auf die Antiquiertheit der Methoden in der Politik aufmerksam zu machen.
Der Zustimmungsgrad, dessen sich dieser Vorschlag erfreut, ist so hoch, daß er nur noch vom Grad seiner Wirkungslosigkeit übertroffen wird. Sicher, es haben Computer in den Parteizentralen Einzug gehalten, und die Professionalität der politischen Werbung hat in den letzten zwanzig Jahren große Fortschritte gemacht. Da sind Managementansätze, wie sie in der Industrie gelten, durchaus erkennbar. Aber es sind Bereiche der politischen Pheripherie. Die wesentlichen Dinge, die Politik ausmachen, laufen bis heute nicht nach Managementkriterien, ob modern oder nicht, ab. Aber warum widersetzt man sich in der Politik so

hartnäckig einer Therapie, die von so vielen Ärzten verschrieben wird?
Mit einer Antwort auf diese Frage sind simple Gemüter und solche, die zu einem undifferenzierten Urteil neigen, schnell bei der Hand. Der Grund der Verweigerung liegt für sie in einer generellen Unfähigkeit und Indolenz der Politiker oder zumindest eines Großteils von ihnen. Daran sei nur die negative Auslese in der Politik schuld und der Umstand, daß in die Politik nur solche Leute drängen, die in einem bürgerlichen Beruf nicht zu reüssieren vermögen. Wie sollen solche Leute dann die Kunst des Managements beherrschen?
Ernster muß man da schon den Vorwurf nehmen, daß das Managementinstrumentarium vor allem deshalb in der Politik so spärlich Verwendung fände, weil die wenigsten Politiker konkrete Managementerfahrung hätten. Es ist tatsächlich erstaunlich, wie viele Politiker es in Spitzenpositionen mit Exekutivgewalt gibt, in der sie zigtausend Leute zu führen haben, die vor ihrer Berufung in diese Position nur für eine Handvoll Leute verantwortlich waren, und manchmal nicht einmal das. Karrieresprünge sind da an der Tagesordnung, die in der Industrie unmöglich wären. Dort landen eben nicht Leiter der Gehaltsverrechnung – als wie tüchtig auch immer sie sich in dieser Position erwiesen haben mögen – mit einem Satz auf dem Sessel des Generaldirektors eines Großkonzerns.
In der Wirtschaft würden solche Siebenmeilenschritte auch mit hundertprozentiger Sicherheit in den Abgrund führen. In der Politik gehen die Uhren anders. Gar nicht wenige solcher Karrieresprünge klappen durchaus. Zumindest, was den politischen Erfolg des so rasch Promovierten anlangt. Allerdings hat die Praxis, Leute ohne Führungserfahrung in Exekutivpositionen zu berufen, auch in der Politik eine unübersehbare fatale Nebenwirkung. Sie ist mitverantwortlich für die Unproduktivität und Ineffizienz der staatlichen Verwaltung. Ihr ist es unter der Patronanz führungsunerfahrener und manchmal auch an Führung nicht interessierter Ressortchefs gelungen, ein Eigenleben zu entwickeln, das fest auf den Säulen eines völlig starren Dienstrechtes und einer übergroßen Machtfülle der Personalvertretung ruht. Würden General-

direktoren in der Industrie so wenig Interesse daran haben, ihren Führungs- und Handlungsspielraum zu erhalten, wären sie sehr schnell nicht mehr Generaldirektoren. Wer eine Verwaltungsreform ernsthaft anstrebt und für wen Produktivitätssteigerung in der Verwaltung kein Lippenbekenntnis ist, der muß dafür sorgen, daß in politische Exekutivpositionen nur Leute mit einer soliden Führungserfahrung einrücken.

Das heißt nicht, daß Manager in der Politik den Nichtmanagern prinzipiell überlegen sind. Effiziente Verwaltung bedeutet noch nicht erfolgreiche Politik. John F. Kennedy hat als frischgebackener Präsident der Vereinigten Staaten mit Robert McNamara einen Mann an die Spitze des Verteidigungsressorts berufen, der als junger Präsident der Ford Motor Company zu den brillantesten Management-Köpfen Amerikas zählte. Und als Pentagon-Chef hat McNamara auch sofort begonnen, all das, was er als Automobil-Executive gelernt hat, in seine politische Arbeit einzubringen. Die Qualität der Planung in diesem Mammutressort erlebte einen Quantensprung, der Standard der Logistik wurde fast auf den eines gutgeführten Großkonzerns angehoben, und Spitzenpersonalentscheidungen bei Armee, Marine und Luftwaffe wurden nur mit Hilfe eines wohldurchdachten Auswahlverfahrens getroffen. Und dennoch: Als Politiker ist McNamara mit seiner falschen Einschätzung sowohl der militärischen Lage in Vietnam als auch des Vietnam betreffenden emotionalen Zustandes des amerikanischen Volkes letztlich erfolglos geblieben.

Doch zurück zu der Frage, warum Politik und Management zwei Bereiche mit so wenigen Berührungspunkten sind. Eine politische Partei unterscheidet sich unter anderem dadurch gravierend von einem Unternehmen, daß sie eine Non-Profit-Organisation ist. Mit allen typischen Merkmalen einer solchen Organisation. Die Anzahl der bezahlten Mitarbeiter ist relativ klein, dafür ist die Zahl der ehrenamtlichen Mitarbeiter und der freiwiligen um so größer. Solche Verhältnisse schaffen ein Kardinalproblem, unter dem alle Non-Profit-Organisationen leiden. Wenn man auf Freiwillige angewiesen ist, dann ist man bei der Rekrutierung nicht allzu pingelig. Bei der Arbeit gilt guter Wille schnell fürs Werk. Man ist froh, überhaupt jemanden zu finden, der bereit ist, sich in den

Dienst der Sache zu stellen und mitzumachen. Beim Anforderungsprofil muß man da sehr großzügig sein. Darin liegt es auch, daß viele Aktionen solcher Organisationen einen recht unprofessionellen Eindruck hinterlassen. Leistungskontrolle und vor allem Konsequenzen bei Nichtleistung sind so gut wie unbekannt.

Politische Parteien sind da besonders hart betroffen. Die zunehmende Politikverdrossenheit und die abnehmende Reputation des politischen Engagements schaffen einen Teufelskreis, aus dem sich nur schwer herausfinden läßt. Man bedenke nur folgendes Phänomen: Firmen geben Millionen für Corporate Design aus und lassen keine Möglichkeit vorbeigehen, um mit ihrem Markennamen Werbung zu machen. Dagegen machen die politischen Parteien allesamt die Erfahrung, daß der Zulauf zu ihren Veranstaltungen um so größer ist, je weniger bekannt ist, daß es sich um eine Parteiveranstaltung handelt. Überspitzt formuliert wird die Corporate Identity der Parteien zu guter Letzt darin bestehen, daß sie ihre Existenz leugnen.

Brauchen die politischen Parteien im Zeitalter des Fernsehens und der Massenkommunikation noch ihre Hilfstruppen? Oder sind sie nicht verzichtbare Relikte aus der Vergangenheit geworden, die damals notwendig waren, um den Nachbarn oder den Bürokollegen einen politischen Standpunkt zu erklären, weil sie die Julius Raabs, Konrad Adenauers uund Harold Macmillans nicht wie heute die Franz Vranitzkys, Helmut Kohls und Margaret Thatchers buchstäblich täglich auf dem Bildschirm vor sich hatten?

Die Parteien brauchen weiterhin ihre Freiwilligen. Selbst die Amerikaner, die sich wie keine andere Nation in der politischen Auseinandersetzung des Fernsehens bedienen, können darauf nicht verzichten. Noch am Tag vor der letzten Präsidentenwahl hat ein Heer von freiwilligen Helfern mehrere Millionen Telefongespräche geführt, um Unentschlossene zu bewegen, ihre Stimme für George Bush abzugeben. Das ist zwar sicher nicht entscheidend gewesen, aber es ist leicht einzusehen, daß solche Aktivitäten insgesamt für eine Stimmung sorgen, ohne die ein politischer Wettkampf nicht auskommen kann.

Für die Einstellung, sich lieber mit einer nicht voll brauchbaren Hilfe zufriedenzugeben, als überhaupt keine Hilfe zu haben, kann man Verständnis aufbringen. Allerdings muß man sehen, daß dieses Klima der Halbleistung die Neigung hat, sich auch auf den Mitarbeiterkreis auszudehnen, der seine Arbeitskraft nicht um Gottes Lohn zur Verfügung stellt. Mitarbeiterführung nach den Kriterien eines zielorientierten Managements gibt es auch bei den fest angestellten Mitarbeitern einer Partei kaum. Es gibt selten Zielvorgaben und noch seltener Leistungskontrollen. Natürlich gibt es unter diesen Mitarbeitern ebenso hervorragende Leute, wie es sie unter den Freiwilligen gibt. Aber das ist nicht Ergebnis eines darauf abgestellten Auswahlprozesses, sondern Zufall.

Vor ein paar Jahren habe ich einmal einen Anruf aus Frankfurt erhalten. Zu meiner großen Überraschung war ein Mann am Telefon, der sich als europäischer Personaldirektor einer amerikanischen Religionsgemeinschaft vorstellte. Überrascht war ich deshalb, weil ich mir bis zu diesem Zeitpunkt nicht hatte vorstellen können, daß Religionsgemeinschaften so etwas wie einen Personaldirektor haben. Meine Überraschung wurde noch größer, als er mir den Grund für seinen Anruf erklärte. Er wollte sich über das Gehaltsniveau guter österreichischer Firmen informieren und darüber, welche Trainingsmöglichkeiten diese Firmen ihren Mitarbeitern bieten würden. Neugierig geworden, lud ich ihn ein, mich in Wien zu besuchen, was er auch tat. Während seines Besuches erklärte er mir dann, daß seine Kirche für Österreich große Expansionspläne hätte und daß sie dazu hochmotivierte Mitarbeiter brauchen würde. Es sei ihm klar, daß er solche Mitarbeiter nur bekommen könne, wenn er sie entsprechend honorieren und ihnen gute Weiterbildungsmöglichkeiten bieten würde. In Amerika sind philanthropische und andere nichtgewinnorientierte Organisationen längst dazu übergegangen, bei der Auswahl neuer Mitarbeiter nicht in erster Linie auf deren guten Willen und deren persönliche Anspruchslosigkeit zu schauen. Zumindest für Mitarbeiter in Führungspositionen wenden sie die gleichen Maßstäbe an, die auch für Führungskräfte in der Industrie Geltung haben. Immer häufiger ziehen auch Non-Profit-Organisationen für die Suche nach solchen Mitarbeitern Executive-Search-Berater heran. Manche Beratungsfirmen haben bereits Spezialabteilungen für die Betreuung solcher Organisationen eingerichtet.

Ein weiterer wesentlicher Unterschied zwischen dem Management in der Politik und dem Management in der Industrie liegt in den Möglichkeiten und Grenzen der Planung. Auch in einem Unternehmen kann es unvorhersehbare und unkalkulierbare Ereignisse geben, die eine perfekt ausgetüftelte Langfristplanung über den Haufen werfen. Aber in der Wirtschaft sind solche Ereignisse selten, in der Politik sind sie an der Tagesordnung. Selbst das großartigste politische Planungspapier wird schnell zur Makulatur, wenn eine ganze Nation durch einen ungeschickten Sicherheitsberater, der beim Versuch eines schmutzigen Deals mit dem Iran ertappt wird, in Aufruhr gerät, wenn abgestürzte Tiefflieger eine Bevölkerung in Angst und Schrecken versetzen oder wenn ein Zeuge in einem parlamentarischen Untersuchungsausschuß darüber plaudert, wie er seine Zeugenaussage vorher mit einem amtierenden Minister abgesprochen hat. Da können innerhalb von drei Tagen mehr Wähler weg sein, als in drei Jahren sorgfältiger politischer Planungsarbeit gewonnen werden. Da kann man schon verstehen, daß Politroutiniers nur müde lächeln, wenn sie den Tip bekommen, sich von Managementprofis die Geheimnisse der Planung abzuschauen.
Dazu kommt noch ein weiteres Phänomen. Es hat mit der speziellen Bedeutung des Spitzenkandidaten gerade in der Telekratie zu tun. Die Beispiele sind Legion, die beweisen, daß ein Wechsel in der Person des Spitzenkandidaten unmittelbare Auswirkungen auf das Wählerverhalten hat. Und zwar noch bevor der Spitzenkandidat Gelegenheit hatte, an der Politik etwas zu verändern. In der Telekratie treten Konzepte und Programme in den Hintergrund, Personen in den Vordergrund. In den letzten Jahren sind auch alle Versuche, bei Wahlkämpfen statt der Person eines Spitzenkandidaten Programme oder ein Team von Kandidaten in den Vordergrund zu stellen, schiefgegangen. Das bedeutet nicht nur eine einseitige Verlagerung des Leistungsdrucks auf den Spitzenkandidaten, sondern führt auch schnell zu der gefährlichen Überzeugung, daß eigene Leistung, disziplinierte Arbeit und eine sorgfältige Planung nicht notwendig sind, wenn man nur einen überzeugenden Spitzenkandidaten hat. Und hat man den nicht, so helfen auch Disziplin und Planung nicht.

Wenn ein neuer Mann an die Spitze eines großen Unternehmens berufen wird, so mag es freundliche oder weniger freundliche Kommentare in der Presse geben. Der Marktanteil wird deswegen aber weder gleich steigen noch gleich fallen. Da muß erst eine geraume Zeit verstreichen, in der er seine Fähigkeit oder Unfähigkeit als Manager beweist.

Wie schauen da die Auspizien für die Zukunft aus? Im Bereich der politischen Stäbe wird sich sicher eine Professionalisierung durchsetzen. Die Parteien werden hier mit einiger Verzögerung einen Weg gehen, den jetzt schon viele nichtgewinnorientierte Organisationen gehen. Der Leiter des Bereiches Öffentlichkeitsarbeit einer politischen Partei wird bald nicht mehr nach anderen Kriterien bestellt werden als der seines Pendants in einem privaten Unternehmen.

Kompetenz und Erfahrung werden die Schlüsselkriterien sein.

Für die Inhaber politischer Ämter zeichnet sich dagegen eine Reamateurisierung ab. Nicht in dem Sinn, daß Politik wieder zu einer Neben- oder gar Freizeitbeschäftigung wird, sondern in dem Sinn, daß in Zukunft mehr Leute politisch wichtige Funktionen übernehmen werden, ohne über politische Erfahrung zu verfügen.

Während in allen anderen Beschäftigungen der Profi dem Amateur klar den Rang abgelaufen hat und der Trend zur Professionalisierung der Berufe weiter anhält, hat es der Beruf des politischen Profis nie geschafft, unumstritten zu werden. Er ist den Beweis der Überlegenheit auch bis heute schuldig geblieben. Daß sich Leute zuhauf unmittelbar nach dem Studium oder nach der Berufsausbildung der Politik verschrieben und oft zehn Jahre und länger in allen möglichen Komitees und Ausschüssen politische Erfahrung gesammelt haben, hat nicht dazu geführt, daß die Personaldecke der Parteien länger geworden ist. Offensichtlich wiegen die Verschleißfolgen schwerer als die ganze dabei gewonnene Erfahrung.

Wir haben schon im vorigen Kapitel darüber gesprochen, daß das traditionelle politische Karrieremuster, sich von kleineren Aufgaben zu immer größeren emporzuturnen, dabei ist, seinen Anspruch auf Exklusivität zu verlieren. Immer öfter kommt es vor,

daß Personen sofort mit großen politischen Aufgaben betraut werden, ohne daß sie vorher den Nachweis ihres Talentes bei kleineren Aufgaben liefern mußten. Seiteneinsteiger sind keine seltenen Exoten mehr, und bald werden sie zum alltäglichen Bild gehören. Die Politik wird durch diese »Amateurisierung« paradoxerweise professioneller. Gemeinsames Kennzeichen aller Quer- und Seiteneinsteiger ist nämlich eine auffallend hohe Professionalität in ihrem bisherigen Beruf, ob es sich um Manager, Wissenschaftler oder Spitzenbeamte handelt.
Es ist gerade ihre hohe Professionalität, die sie der Politik hat auffallen lassen. Auch wenn sie vieles von dem, was ihre konkrete Professionalität im Beruf ausgemacht hat, in die Politik nicht im Verhältnis 1 : 1 mitnehmen können, so können sie sehr wohl zum Nutzen der Politik ihr generell hoch entwickeltes Grundgefühl für Professionalität einbringen. Die Professionalisierung der politischen Stäbe wird vor allem von diesen politischen Amateuren ausgehen, weil sie in ihrem nichtpolitischen Beruf gewohnt waren, über kompetente und professionelle Stäbe zu verfügen. Auf kompetente, leistungsorientierte Unterstützung werden sie auch in ihrem neuen Umfeld nicht verzichten wollen.